思想学术系列

史学史话

A Brief History of Historiography in China

谢保成 / 著

社会科学文献出版社
SOCIAL SCIENCES ACADEMIC PRESS (CHINA)

图书在版编目（CIP）数据

史学史话/谢保成著．—北京：社会科学文献出版社，2011.5

（中国史话）

ISBN 978 - 7 - 5097 - 1970 - 1

Ⅰ.①史…　Ⅱ.①谢…　Ⅲ.①史学 - 研究 - 中国　Ⅳ.①K092

中国版本图书馆 CIP 数据核字（2011）第 076708 号

“十二五”国家重点出版规划项目

中国史话·思想学术系列

史学史话

著　　者／谢保成

出 版 人／谢寿光
总 编 辑／邹东涛
出 版 者／社会科学文献出版社
地　　址／北京市西城区北三环中路甲 29 号院 3 号楼华龙大厦
邮政编码／100029

责任部门／人文科学图书事业部（010）59367215
电子信箱／renwen@ ssap. cn
责任编辑／赵子光　赵　亦
责任校对／王　鹏
责任印制／郭　妍　岳　阳
总 经 销／社会科学文献出版社发行部
（010）59367081　59367089
读者服务／读者服务中心（010）59367028

印　　装／北京画中画印刷有限公司
开　　本／889mm×1194mm　1/32　印张／6.5
版　　次／2011 年 5 月第 1 版　　字数／121 千字
印　　次／2011 年 5 月第 1 次印刷
书　　号／ISBN 978 - 7 - 5097 - 1970 - 1
定　　价／15.00 元

总 序

中国是一个有着悠久文化历史的古老国度，从传说中的三皇五帝到中华人民共和国的建立，生活在这片土地上的人们从来都没有停止过探寻、创造的脚步。长沙马王堆出土的轻若烟雾、薄如蝉翼的素纱衣向世人昭示着古人在丝绸纺织、制作方面所达到的高度；敦煌莫高窟近五百个洞窟中的两千多尊彩塑雕像和大量的彩绘壁画又向世人显示了古人在雕塑和绘画方面所取得的成绩；还有青铜器、唐三彩、园林建筑、宫殿建筑，以及书法、诗歌、茶道、中医等物质与非物质文化遗产，它们无不向世人展示了中华五千年文化的灿烂与辉煌，展示了中国这一古老国度的魅力与绚烂。这是一份宝贵的遗产，值得我们每一位炎黄子孙珍视。

历史不会永远眷顾任何一个民族或一个国家，当世界进入近代之时，曾经一千多年雄踞世界发展高峰的古老中国，从巅峰跌落。1840 年鸦片战争的炮声打破了清帝国“天朝上国”的迷梦，从此中国沦为被列强宰割的羔羊。一个个不平等条约的签订，不仅使中国大量的白银外流，更使中国的领土一步步被列强侵占，国库亏空，民不聊生。东方古国曾经拥有的辉煌，也随着西方列强坚船利炮的轰击而烟消云散，中国一步步堕入了半殖民地的深渊。不甘屈服的中国人民也由此开始了救国救民、富国图强的抗争之路。从洋务运动到维新变法，从太平天国到辛亥革命，从五四运动到中国共产党领导的新民主主义革命，中国人民屡败屡战，终于认识到了“只有社会主义才能救中国，只有社会主义才能发展中国”这一道理。中国共产党领导中国人民推倒三座大山，建立了新中国，从此饱受屈辱与蹂躏的中国人民站起来了。古老的中国焕发出新的生机与活力，摆脱了任人宰割与欺侮的历史，屹立于世界民族之林。每一位中华儿女应当了解中华民族数千年的文明史，也应当牢记鸦片战争以来一百多年民族屈辱的历史。

当我们步入全球化大潮的21世纪，信息技术革命迅猛发展，地区之间的交流壁垒被互联网之类的新兴交流工具所打破，世界的多元性展示在世人面前。世界上任何一个区域都不可避免地存在着两种以上文化的交汇与碰撞，但不可否认的是，近些年来，随着市场经济的大潮，西方文化扑面而来，有些人唯西方为时尚，把民族的传统丢在一边。大批年轻人甚至比西方人还热衷于圣诞节、情人节与洋快餐，对我国各民族的重大节日以及中国历史的基本知识却茫然无知，这是中华民族实现复兴大业中的重大忧患。

中国之所以为中国，中华民族之所以历数千年而不分离，根基就在于五千年来一脉相传的中华文明。如果丢弃了千百年来一脉相承的文化，任凭外来文化随意浸染，很难设想13亿中国人到哪里去寻找民族向心力和凝聚力。在推进社会主义现代化、实现民族复兴的伟大事业中，大力弘扬优秀的中华民族文化和民族精神，弘扬中华文化的爱国主义传统和民族自尊意识，在建设中国特色社会主义的进程中，构建具有中国特色的文化价值体系，光大中华民族的优秀传统文化是一件任重而道远的事业。

当前，我国进入了经济体制深刻变革、社会结构深刻变动、利益格局深刻调整、思想观念深刻变化的新的历史时期。面对新的历史任务和来自各方的新挑战，全党和全国人民都需要学习和把握社会主义核心价值体系，进一步形成全社会共同的理想信念和道德规范，打牢全党全国各族人民团结奋斗的思想道德基础，形成全民族奋发向上的精神力量，这是我们建设社会主义和谐社会的思想保证。中国社会科学院作为国家社会科学研究的机构，有责任为此作出贡献。我们在编写出版《中华文明史话》与《百年中国史话》的基础上，组织院内外各研究领域的专家，融合近年来的最新研究，编辑出版大型历史知识系列丛书——《中国史话》，其目的就在于为广大人民群众尤其是青少年提供一套较为完整、准确地介绍中国历史和传统文化的普及类系列丛书，从而使生活在信息时代的人们尤其是青少年能够了解自己祖先的历史，在东西南北文化的交流中由知己到知彼，善于取人之长补己之短，在中国与世界各国愈来愈深的文化交融中，保持自己的本色与特色，将中华民族自强不息、厚德载物的精神永远发扬下去。

《中国史话》系列丛书首批计200种，每种10万字左右，主要从政治、经济、文化、军事、哲学、艺术、科技、饮食、服饰、交通、建筑等各个方面介绍了从古至今数千年来中华文明发展和变迁的历史。这些历史不仅展现了中华五千年文化的辉煌，展现了先民的智慧与创造精神，而且展现了中国人民的不屈与抗争精神。我们衷心地希望这套普及历史知识的丛书对广大人民群众进一步了解中华民族的优秀文化传统，增强民族自尊心和自豪感发挥应有的作用，鼓舞广大人民群众特别是新一代的劳动者和建设者在建设中国特色社会主义的道路上不断阔步前进，为我们祖国美好的未来贡献更大的力量。

陈奎元

2011年4月

⊙谢保成

作者小传

谢保成，籍贯北京，1943年9月甘肃兰州出生。1966年北京大学历史学系毕业，1981年中国社会科学院研究生院毕业。中国社会科学院研究员、博士生导师，从事中国史学史、隋唐五代史、20世纪学术文化研究，发表学术论文150余篇，出版学术论著10余种。代表作有《隋唐五代史学》（厦门大学出版社1995年、商务印书馆2007年）、《郭沫若学术思想评传》（北京图书馆出版社1999年）、《贞观政要集校》（中华书局2003年、2009年）、《中国史学史》（三卷，商务印书馆2006年）。目前，《中国史学史》续编“民国史学”正在定稿。

目 录

一　引语
——如何认识中国史学

中华民族有着自己独特而丰富的文化遗产，并以史学的发达和文献的浩瀚著称于世。史学是中华文明的重要组成部分，文献则是反映中华文明的物质宝库，二者互为表里，拓印下中华民族不断前进的艰难步履和为人类作出贡献的辉煌足迹。

史学是运用史料研究和描述人类历史以展示未来的一门学科。史学史则是研究和叙述史学发展具体进程或踪迹的一个分支学科。

1　史学发展的基本线索

中国史学的发展，大体上是与中国社会的发展相一致的。一方面，史学随着社会的进步而相应发展；另一方面，史学自身又有一个认识上和技术上的准备过程，往往出现滞后于社会发展的情况。鉴于如此的历史实际，在认识中国史学发展的阶段时，就不能不突破历史朝代的界限，从而探寻出其自身发展的基本线索。

对中国史学发展阶段的划分，自20世纪60年代以来，就有各种不同的说法。综合多年的研究所得，这里将中国史学的发展划分为六个基本阶段：秦以前为史学形成阶段，汉初至唐前期为史学地位确立阶段，中唐至明末为史学分支发展阶段，清前期为传统史学走向终结阶段，晚清民初为史学裂变阶段，民国中后期为新旧史学碰撞阶段。

秦以前史学从发生到形成，经过了三阶段。殷商以前的传说时代，产生了原始的历史意识。自商代至春秋时期，出现了萌芽状态的历史记录——《尚书》、《诗》等典册。春秋后期至战国末年，先是按年编纂的《春秋》问世，接着便是我国编年体史书的始祖《左传》诞生，标志史学在中国形成。

汉初至唐前期史学地位得到巩固确立，是通过三个方面来实现的。其一，随着《史记》、《汉书》相继出现，纪传体史书逐渐取得了“独尊”的地位。在断代编年史与断代纪传史“角力争先”的热潮中，史学的各个分支学科逐渐形成，最终使史学从经学的附庸地位中独立出来，并取得了仅次于经学的稳固地位。其中，少数民族史学的瞩目成绩，也为此间整个史学的成长增添多彩的一页。其二，史学的鉴戒功用经过汉初的“过秦”和东汉末的“君子三鉴”，到唐初达到了前所未有的高度。修史、取鉴与资治三者切实融为一体，取得了良好的社会效应，成为鉴戒史学最为辉煌的一个时期。其三，反思自身的发展历程，表明史学进入自觉阶段。《史通》的问世，标志着这一阶段的终结。

中唐至明末，是我国史学大发展的时期，其表现也是多方面的。这一阶段中，《通典》与“三通”系列的形成，《资治通鉴》及其流派的演变，会同不断续修的纪传体“正史”，构成了中国史学发展的三大主干。民族史学的又一次勃兴，是这一阶段史学发展的重要内容之一。统记方域的地理总志自《元和郡县图志》始，至元、明、清官修“一统志”，也形成一个相对独立的总志系列，与各“正史”地理志一起，构成我国方域史的基干。分述一方之志书，自宋代开始空前发达起来，至于明清则成为史部分类中最大的一个门类。随着史学的日益规范化和官府化而出现的另一种倾向，即史学的通俗化和平民化，也是这一阶段史学发展不容忽视的重要侧面。以记述琐闻轶事为主的历史笔记的大量涌现，以话说故事为主的历史小说的接连问世，正是史学从殿堂、经院走向市井、瓦舍的必然产物。

清朝入主中原，给正在走向衰落的古老社会带来更加复杂的社会问题。同时，巨大的民族反抗心理，还激起经世思潮的空前高涨。于是，出现了以“三大师”为代表的三个史学流派，影响清前期的史学风气。武力征服过后，康雍乾三朝接连施用文化高压政策，毫不含糊地遏制了这种思潮的扩展。同时，又从中原传统文化中找到巩固其统治的思想武器。一项“稽古右文”的国策，便将多少文人墨客从“三大师”开启的博古通今、经世致用的风气下，引导到博古而怯于通今、知人而畏于论世的方向了。官修史书大大超过以往任何一个朝代，差不多覆盖了史部的各主要门类，显示着乾嘉时期史学的辉煌。朝廷留给读书人的，只是一条狭窄的“做学问”之路——历史考据，于是便有所谓“三大考史家”。不应忘记的是，乾嘉时期还有一部“不以风气为轻重”的《文史通义》，把古代史学理论推向顶峰，既对传统史学作出全面总结，又预示着其后的“思想解放”，成为史学的一个划时代的标志。

19 世纪中叶，东方古国紧闭着的大门被西方侵略者的洋枪洋炮轰开，中国的社会开始发生质变。此后短短的 70 年间，传统史学第一次受到冲击，开始突破旧有的格局，跨出认识近代世界的第一步。自 20 世纪初始，梁启超接连推出《中国史叙论》、《新史学》两个篇章，在系统清算传统史学的同时，以进化论思想为原则，建立起“新史学”的理论框架。随即兴起一个猛烈抨击传统史学、提倡“史界革命”的新思潮，中国史学第一次发生空前的重大飞跃。“新史学”从思想观点、记述内容和编纂形式等方面开始改造传统的旧史学，迈开了近代化的步履，取得某些初步成果。然而传统史学赖以生存的土壤差不多还是原封不动，新生因素则又大都缺乏根基，“旧货色外面新包装”便成为近代中国新陈代谢的基本形式。民国初年，在复古思潮的掩饰下，“新史学”更难摆脱旧史学的束缚，出现了蜕变——“增其新而不变旧”。

“民主与科学”作为世界历史潮流，以其不可阻挡之势冲撞着中国的旧传统、旧观念，在中华大地掀起又一次规模空前的新文化运动，开始真正改变着中国史学的发展方向。20 年代，国外各种思想学说和方法纷纷被引进，使得当时的史学领域呈现出众流争渡、相互碰撞的局面，但大都是“饥不择食，活剥生吞”。在此同时，数量众多的本土古代文化遗存陆续被发现，并开始进行系统整理。尤其是殷墟甲骨的整理与研究、青铜器的大量出土与著录，以及史前遗址的陆续发现、敦煌文书的著录整理，差不多决定着其后数十年间史学发展的趋势。国外思想学说、研究方法与本土文化遗存一经结合，使不少有作为的历史学家都取得了令人瞩目的新成就，渐渐形成颇具影响的五个主要史学流派——“疑古学派”、“考古证史派”、“学术思想派”、“方法论派”以及“唯物史观派”。其中，以考古证史派和唯物史观派对中国史学发展的影响为最大。考古证史派最杰出的代表是王国维。他提出的“二重证据法”使其在史学的诸多领域内都取得了空前的研究成果，结束了古史研究从文献到文献、在神话传说中兜圈子的格局，将古史研究推进至全新的境界。直至新中国成立以后，这一流派仍然对史学发展产生着不可忽视的重要影响。唯物史观派先有李大钊提出“建立历史科学的整齐的系统”。其后便是郭沫若的《中国古代社会研究》一书，以 20 年代国内外最新的思想观念为指导，吸收了当时最有影响的几个史学流派的最新研究成果，建立起新的古史体系，成为集时代学术文化大成之作。继郭沫若之后，范文澜以其《中国通史简编》显示出了唯物史观派所建立起来的中国史学体系。这一区别于其他流派的史学基本框架，自40年代逐渐形成以后，一直影响着新中国成立以后的史学。

2 传统史学的基本特点

我国史学在两千多年的历程中，形成了自己的诸多特征。比较各国史学的发展，可以发现：史学功用政治化、史学思想伦理化、官修史书制度化、史籍形式多样化，是我国传统史学的最基本特征。

先说史学功用政治化的特点。

史学功用问题，实际是治史宗旨问题，也就是研究历史的目的与任务。

早在孔、孟的时代，就已经十分重视史学的功用，因而才有所谓“春秋大义”、“春秋笔法”之说。真正以史学著述系统表达对史学功用的认识的是司马迁，也就是人们经常引用的他在《报任少卿书》中的那段话：“网罗天下放失旧闻，考之行事，稽其成败兴坏之理，凡百三十篇，亦欲以究天人之际，通古今之变，成一家之言。”这段话至少包括五层意思：一是广泛搜集、精审考辨史料，保证叙事翔实准确。二是在搜集、考辨史料的基础上“稽其成败兴坏之理”，这充分反映了司马迁对史学功用的认识。“成败兴坏”是古代中国政治的基本内容，司马迁不仅叙述“成败兴坏”的表象，还要“稽其理”，探寻政治成败的经验教训。三是探讨天和人的关系、天道与人事的关系这一当时的重大历史理论问题，清理已被神化了的上古史，清理已附会或渗透到人类社会各个领域的神意。四是总结历史古今演变之迹，探寻其发展趋势。这同“稽其成败兴坏之理”是紧密相连的。五是“成一家之言”，在继承前人的基础上有所独创，开拓学术文化的新局面。

司马迁以后，搜集和考辨史料，作为治史的基础为绝大多数史家所继承，并逐渐形成考据之学。天人问题、古今问题虽然仍是其后史学的重要内容，却很少被当作治史的目的。“成一家之言”几乎只是后来史家的一种意愿而已。就史学功用而言，则主要集中在了“成败兴坏”上面，多注意为政的得失利弊。东汉以降，史学在“成败兴坏”、为政得失方面的功用分别朝着三个方向发展起来。其中，以古鉴今的功用发挥得最为充分。东汉末年，荀悦提出“君子有三鉴”：鉴前惟顺，鉴人惟贤，鉴镜惟明，并著《汉纪》以西汉一代“规模法则，得失之轨”为当权者提供鉴戒。唐初魏徵主持修史，明确提出“取鉴于亡国”，从前代“危”、“乱”、“亡”的教训中求得本朝的“安”、“治”、“存”。《资治通鉴》“鉴前世之兴衰，考当今之得失”，想更系统地展示史学的鉴戒功用。宋代以后，各朝各代修史都强调“善吾师，恶亦吾师”，仍然是要以前代为政的“善”与“恶”为本朝的借鉴。鉴戒史学作为传统史学的主体一贯到底。但中唐以后，以史“自镜”的情况再难见到。

与鉴戒功用相辅并行的一个方向是“绍明世”、“载盛德”，一个方向是治心化民。班固著《汉书》，就是因为《史记》把西汉列于“百王之末”，不能

“宣汉”之美，于是断代为史，申述“汉绍尧运”，以“追述”西汉一代君臣的“功德”。是后，割据政权“缀述国史”，完全是为“推奉正朔”、“假名窃号”，以表示各自的正统地位。大一统政权修史，则强调“盛业宏勋，咸使详备”。北宋中期以后，“正统”问题日益成为史学中的一个注目的论题。到了元代，其史学虽不甚发达，但对“正统”问题的争论却超过任何一代。明初修《元史》，也强调明政权的建立是“绍百王之正统”，甚至不惜为腐朽政权的没落哀唱挽歌，说什么“实既亡而名亦随亡，独谓国可灭而史不可灭”。

中唐以后，随着整个社会的盛世成为过去，与“绍明世”、“载盛德”这一功用相辅相成，以史治心的功用被强化了起来。此后，修史的目的逐渐被简单化为“正天下之位，一天下之心”。史学的内容随之转而注重伦理道德的修养。

下面说史学思想伦理化的特点。

贯穿我国古代社会的先是以氏族血缘为纽带，后是以家族血缘为纽带的宗法制度，以及由此产生的宗法观念。它不仅对古代哲学思想有着直接影响，而且深深地渗透到史学领域内。

《春秋》作为“礼之大宗”，只是企图遏止“君不君、臣不臣”的社会趋势。《左传》“以周礼为本”，但表现出来的是在天子、诸侯、卿大夫关系间取折中态度。真正把“君君、臣臣”同“父父、子子”结合起来，用伦理道德的形式使“社会等级”和“人身依附”关系固定下来，作为解决社会矛盾的最高道德标准，则始于西汉。尽管那时“论大道”可以“先黄老而后六经”，但司马谈父子都认为“列君臣父子之礼，序夫妇长幼之别，虽百家弗能易也。”司马迁更进一步强调，“君不君则犯，臣不臣则诛，父不父则无道，子不子则不孝，此四行者，天下之大过也”。这表明司马迁也是无法摆脱他那个时代局限的，自觉不自觉地宣扬那个时代占主导地位的伦理观念。随着官方统治思想的选定，儒学被立为“国学”。东汉时期，班固以“六经”是“先圣所以明天道，正人伦，至致治之成法”，因此《汉书》在综括西汉行事的时候便要“旁贯五经”，把伦理天命思想贯透到修史中。魏、晋以下，更把发扬伦理纲常视为史学的重要使命。袁宏撰《后汉纪》，为的是“通古今而笃名教”。其所谓“名教”，就是君臣父子间的伦理纲常，说“君臣父子，名教之本”。中唐以后，新起《春秋》学与道学先驱提出的“道统”说合流，极大地影响着后来史学的趋向。北宋理学的形成更使史学思想的发展趋于伦理化。特别是南宋理学趋于一统，史学便走上理学化的道路。北宋时的官修私修，已在强调“一本于道德”。在辨正统的论争中，也是以“天理人心之正”作为划分正、闰的主要标准，甚至认为“道统者，治统之所在”。由此出发，元修《宋史》，“大旨以表彰道学为宗，余事皆不甚措意”，并在《儒学列传》之外另立一《道学列传》“推崇程朱之学”，发扬“父子君臣，天下之定理”。明修《元史》，强调“修身治国，儒道为切”，

"儒者可尚，以能维持三纲五常之道"。清修《明史》，更把"忠孝义烈之行"视作"扶植名教"、"敦厉末俗"、维系纲常、帝王为政的"首务"。民国初年复辟帝制，掀起复古思潮，也是大讲"以史证经"，宣扬君臣父子"大义"，说"因学以明道，修道以为教"，要人们"皆优游于礼让道德之中"。

史学思想伦理化，以史治心功用的强化，两相同步推进，彼此相互为用，使我国的传统史学随着专制制度的发展，更趋于为帝王效命、为权势服务，渐渐作为权力斗争的附庸而存在。

官修史书制度化，更是我国古代史学独具的特点，因而也决定了我国传统史学的御用性。

人类社会初始，在一些文明古国都出现过充当神、人媒介的"史官"，并逐渐产生出传播史事的"史"、"瞽"、"矇"。其后，随着史学政治功用的加强，我国的史官制度便开始显现出特有的发展方式。春秋以前，周王室设立职掌不同的史官多种，协助政务、记录时事、起草公文、掌管文书。直到东汉，史官与星历官始终是合一的。从东汉始，兰台与东观这两个收藏历史资料和国家档案的机构，才成为官府修史的基地。魏、晋以后，置著作郎、撰史学士，算是有了正式负责修史的官员。南北朝时期，开始出现修史局和公卿宰相监修国史的情况。

从唐代开始，建立起修撰前代史和编纂本朝史（即"国史"）的两项制度。修撰前代史，自班固起，《汉书》、《宋书》、《魏书》等都是奉诏修撰；《三国志》、《后汉书》纯系私修，而《南齐书》是启准私修。唐初诏修梁、陈、齐、周、隋五代史，组成一套修史班子，由宰相总领监修、副相“总加撰定”、专家“总知类会”，完成由私修向官修的转变。从此，各朝各代在建立起政治统治之后，都要修撰前一代或数代政权的史书。皇帝颁诏、宰相监修、著名史家集体修撰，形成“国灭史不灭”的传统。

在建立官修前代史制度的同时，唐初还“别置史馆，专掌国史”。史馆设于宫中，由宰相一人或数人监修，组织包括修撰、直馆及各类辅助人员的一套常设班子。经过积累和条理，又形成搜集史料的完整规定。宋代有起居院、日历所、实录院、国史院，分工更加明细。元代始有翰林兼国史院之称，开明、清两代翰林院兼修国史之制。从唐代起，纂修国史逐渐形成一定程序：皇帝在位时，依据起居注、时政记等编成日历；皇帝死后，即依据日历及史馆各有关资料编纂实录；以后，再依据实录等纂修成国史。自唐至清，每一皇帝有一部实录，接续不断，构成一个最原始的史料系列。国史的纂修，唐、宋、辽、金，时修时辍，没有能够形成一部完整的国史。元代以后，则只有实录而无国史了。

以上两项基本修史制度彼此配合，自五代起，每一新建政权便利用前代各帝实录、国史等原始史料，修撰前代史，使我国在世界史坛上独具一套前后相续的“二十四史”或“二十六史”。

最后，说说史籍形式多样化的特点。

各国史学的早期著作大体都是记言和编年两种形式，我国也不例外。但自《史记》、《汉书》之后，我国史学中便有了编年、纪传二体“角力争先”的情况，这是西方史学中不见的现象。经魏晋南北朝，我国史学不仅范围扩大，成为一门独立的学科，与儒、玄、文三科并列，还在整个图书当中取得了仅次于经典而居第二的地位。《隋书·经籍志》总结此前史籍的发展，分其为13种类型，大体为后世沿袭。唐代史评、典志、实录、诏令等都有发展，逐渐形成类目。宋代新出纪事本末、纲目等形式。至清，又有学案等形式的学术史。乾隆年间，《四库全书总目》对历代史籍系统归类，分作正史、编年、纪事本末、别史、杂史、诏令奏议、传记、史钞、载记、时令、地理、职官、政书、目录、史评等共15类。类下又分属，如地理类包括宫殿、总志、方志、河渠、边防、山川、古迹、杂记、游记、外记之属等。每一类、每一属的内涵在《四库全书总目》史部各类、属的前、后序中都有明确界定，可以引为参考，兹不赘述。

史籍分类繁杂和形式多样，不仅反映我国史书编纂体例日趋谨严，而且表现出史家治史的愈益精细。

上述四大基本特征互相作用，形成中国传统史学的一种畸形势态，即史籍形式多样而史学思想日渐僵化。表面看来，著述宏富，汗牛充栋。深入进去，却如鲁迅所说，“大家又唱老调子”。一方面，“每叶上都写着‘仁义道德’几个字”，“从字缝里看出字来，满本都写着两个字是‘吃人’!”另方面，“为帝王将相作家谱的所谓‘正史’，也往往掩不住”作为“中国的脊梁”的仁人志士“前仆后继”的“光耀”。

 史学传统的利弊得失

伴随着传统史学基本特点的形成，我国的史学还凝练出许多传统的东西。强调继承和发扬者，多谈传统优良，忽视改造更新。偏于批判和扬弃者，则多所否定，意欲另建“新史学”。其实事情并不那么简单。梁启超在清算旧史学时，所指“四弊二病”，表明旧史学中成传统者并非全都优良。另一方面，我国史学发展中确有不少优良的东西，但由于前面所说史学特点的副作用，又很难顺利地形成传统。即便形成传统，也是在漫长岁月中、尖锐对立下通过努力拼搏而艰难迈进的。下面，也分四个问题来谈。

其一，“实录”理论与修史实践的矛盾。

“实录”论是我国古代史学的一个基本理论。班固评价司马迁及其《史记》时，说其“有良史之材，服其善序事理，辨而不华，质而不俚，其文质，其事核，不虚美，不隐恶，故谓之实录。”班固提出的这一“实录”理论，对史学基本要素的事、文、义都有明确规定，即记事翔实，行文准确，旨义存真。在其后上千年的修史实践中，“实录”几乎成了每个史家的口头禅，似乎形成传统。然而，对于这样一个基本而又重要的理论问题，进一步从理论上阐发者实在有限。就是刘知几的《史通》、章学诚的《文史通义》也都不

是从史学基本理论的角度进行论证的。重要的史学理论问题却受不到应有的重视，这本身就是古代史学中的一个矛盾。

另一方面，自班固提出“实录”的概念之后，产生出不少以“实录”二字命名的史籍。其中，最大量的便是自唐代开始系统纂修的皇帝《实录》。《实录》的纂修与“实录”理论的矛盾，可以说自有皇帝《实录》以来，就贯穿始终。“为尊者讳、为本国讳”以及“《实录》不实”这些说法，反倒成了对中国史学有“实录”优良传统说法的一种“传统”批驳了。唐代后期的皇帝《实录》已开始由于“党争”而改来改去。宋代的皇帝《实录》更是屡易其稿，以致南宋孝宗时对北宋史事已经是“各信所传，不考诸实录、正史，纷错难信”，甚而出现“灯烛斧影”的“千古之谜”。到了明代，张岱更有“国史失诬、家史失谀，野史失臆，故以二百八十二年总成一诬妄之世界”的说法。这虽有夸大之处，但其对国史、家史、野史的基本估价，与王世贞、黄宗羲等人的认识可谓如出一辙。

重要的理论、良好的意愿与残酷的事实就是如此的矛盾！恰恰在这一矛盾对立中，一些以史学为己任的史家，坚持实录精神，抱着直笔意愿，辛勤耕耘，才使“中国的脊梁”的“光耀”没有被完全“掩住”。以班固的“实录”理论衡量，《史记》之后当得起“实录”评价的，便是杜佑及其《通典》、司马光及其《资治通鉴》和马端临及其《文献通考》等少数几部巨著。其后，仿效者不计其数，也都表示继其“实录”

精神和实践，似乎成为传统，但作出巨大成绩者甚微，这是一个值得深思的问题。要使“实录”理论和愿望真正变成史学实践和优良传统，需要以史学为己任的史家世世努力拼搏，代代艰辛耕耘。

其二，经世、通变与鉴戒、垂训的差异。

这是涉及史学功用的问题，前一节已经提出史学功用政治化的特点，也可谓我国史学的传统。因其表现形式又各有异，故在谈其利弊得失时也不应等量齐观。

鉴戒作为传统史学的主体，是以帝王为主要对象的。在集权专制的社会制度下，帝王作为的善恶确实在很大程度上决定着政权的兴衰，可以说是触及到政治统治的关键。但是这只有像唐太宗那样，自觉地以前王得失“为在身之龟镜”，才能真正产生社会效应。倘若只是史家写给帝王看，帝王并不想取鉴，史学的鉴戒功用必然不会转变成实际效应。因此，以史戒君是有很大局限的。

垂训，如果说其本意是把历史作为训导和宣传的教材，给人以历史教育，包括历史知识教育、天下形势教育和伦理道德教育，那么随着以史治心功用的强化和史学思想的日益伦理化，垂训便将与“蓄德”混杂一起，把历史当成进行伦理说教的手段。

经世，一般都认为是明清之际针对宋明理学谈心说性而出现的。其实，《庄子·齐物论》中便有“《春秋》经世，先王之志”的提法。中唐前后，社会由盛转衰，人们提出各种“救时之弊”的主张。杜佑纂修

《通典》言“理道”（即治道），一是从“探讨礼法刑政”入手，不录儒家经典和历代众贤的“空言”；二是旨在“体要”而不在“规谏”，要用历史过程本身和反映体制的社会结构的变革来探寻“政理”。这不仅是对探究“政理”的一个重大突破，还使史学功用起了新的变化。鉴戒功用是建立在对前代亡国教训总结基础上，以求新政权的“长治久安”。垂训功用是建立在空言说教基础上，以历史附会儒家经典，进行训导。《通典》所显示的功用与鉴戒、垂训都不相同，强调的是从历史过程本身和现存体制中探寻救弊之道。换句话说，是要从社会本身寻找原因，因而在认识上要深刻得多。所以当时就被称赞为“错综古今，经代（世）立言之旨备焉”。不论是庄子所说“经世”，还是《通典》表现出的“经世”，与明清之际提出的“经世”一个最大的共同点，就是为了“救弊”而从社会实际出发，寻求变革的途径。因此，越是到“衰世”，这种呼声也越高。不过，“经世”却从来也未能够真正“救弊”。

通变即“通古今之变”，了解和掌握历史发展的趋势。司马迁提出这一问题时，又强调“承蔽通变”。中唐以后，社会流弊日积，通变成了数百年间史学的热门话题。杜佑强调“酌古通今，既弊而思变”，纂成《通典》。司马光要“穷治乱之迹”，成《资治通鉴》。马端临着眼于“推寻变通张弛之故”，纂《文献通考》。这些以“通”字名其书者，所以成为有划时代意义的史学名著，正因为它们反映了历史变易的真实。

由于通变往往与救弊联系在一起，因而经世、通变两种传统犹如孪生。它们都注意从社会自身入手考察演变之迹，寻求救弊变革之道，显然要比鉴戒、垂训更具进步意义。

其三，“史德”与“史才”的关系。

强调史家的自身修养，这是我国古代史学发展中一致的心声，因而可算是一种千年不改的传统。

班彪最先明确提出“史才”这个问题，称司马迁为“良史之才”，主要指记事、行文之才。汉唐之际，一直沿用这一说法，以“良史之才”称赞优秀的史学家。刘知几提出“史才须有三长”的著名论点，并解释说：“三长，谓才也，学也，识也。”其所谓“史才须有三长”的“史才”，是指史学人才。而“三长”之一的“才”，是指编纂史事、行文记述的才能。其“学”，则指史料占有、知识渊博等学问。其“识”，指历史认识、史学理论等水平。“三才”之中，他最注重“识”，认为才、学都离不开识。而当“道统”说出，则对“良史”提出了新的要求，强调“以心不以迹”。随着史学思想伦理化趋势的推移，明代论史学人才，又增加了“公心”和“直笔”两项。胡应麟说：“才、学、识三长，足尽史乎？未也。有公心焉，直笔焉。秦汉而下，三长不乏，二善靡闻。”

对于这一问题作出进一步阐发的是章学诚。首先，他指出才、学、识三者难兼，但要正确对待。同时又强调：“学问文章，聪明才辨，不足以持世。所以持世者，存乎识也。”突出的是在“史才须有三长”之外，章学诚又提出“史德”的问题。他认为刘知几的史才三长“犹未足以尽其理”，而“能具史识者，必知史德”，即“著书者之心术”。什么叫“著书者之心术”？也就是胡应麟所说“二善”——“公心”与“直笔”。过去一般都认为这是章学诚作为一种道德修养提出来的，着重于修史者的心术要“正”与“直”。其实，他强调的重点在于慎辨主观与客观，尊重客观事实，不以主观强加客观，即所谓“欲为良史者，当慎辨于天人之际，尽其天而不益以人。”这包含两层意思，一层意思是分清主观认识（“人”）和客观史实（“天”），不把主观认识掺杂到客观史实中。只要抱着这一态度去努力，虽不能完全做到，也足以称有“著书者之心术”。另一层意思是，章学诚也懂得史家对待历史是非不可能没有自己的看法，因而特别提醒其要尽量使自己的看法符合事理，使主观最大限度地接近客观。不然就会导致“似公而实逞于私，似天而实蔽于人”的后果，因此“心术不可不慎”。这两层意思，既有思想方法上的含义，又有个人品德方面的要求。可以这样说，才、学、识三长是对史学人才业务修养的要求，“史德”即“著书者之心术”是对史学人才思想修养（包括思想方法和个人品德）的要求。

强调史家的业务修养和思想修养虽然形成传统，但如何提高史家这两方面的修养，改善写作技巧，充实各类知识，提高理性认识，并切实做到直而不曲、真而不伪，使主观认识符合客观历史以坚持史学的科学性，两者之间的差距还很大，并未能够真正地形成传统。

其四，历史考据的成就与局限。

在治史方法方面，我国更是有着独特的传统、辨伪、校勘、考据等学经久不衰。

辨伪之学始于汉代。当时，原本是通过校书考定古书的真伪和年代，因而辨伪一开始便与校勘结合在一起。《汉书·艺文志》采录刘歆《七录》而成，以其所载对传疑之书的考察，可见刘氏、班固辨伪六例，虽然简略，却开启了后人辨伪的一些基本方法。提出有力证据考定某篇确属伪作，始于东汉马融对《尚书·泰誓》的否定。其后，历代学者都很注意古书辨伪的问题。宋代，辨伪之风盛行起来。明代胡应麟在《四部正讹》中第一次把辨伪方法系统起来，提出辨伪八法。近代又有梁启超讲“鉴别史料之法”，进一步提出辨伪的“十二公例”。

校勘之学，虽然春秋时就有“正考父校商之名颂十二篇”的记载，但作为学术发展中一项专门事业，则始自汉代。刘向、刘歆父子即是这方面最早取得成就的专家。其后，官府校书，直至清末，历久不衰，并推动着目录学的发展。雕版印刷发明以后，刻书日多，又出现版本问题。版本与校勘越来越不可分。此外，南北朝时已有用出土实物校订史籍的记载，到宋代发展为金石专门之学，以金石铭文订正史籍。及至乾嘉时期，校勘之学达到鼎盛。晚清，俞樾将其毕生校书中归纳出的公例全部写入《古书疑义举例》中，表明校勘由实践向条理化的迈进。近几十年间，陈垣的《元典章校补释例》6卷50例，是第一部使校勘之学条理化的专著，标志着校勘学发展的新高度。

作为校勘史籍的钥匙之一，是关于历代避讳的知识。宋代已开始有学者在这方面下工夫，乾嘉时期周广业的《经史避名汇考》是第一部专门性的巨著，可惜没有刊行。陈垣的《史讳举例》8卷82例成为避讳学的代表作。

至于考据之学，则发端于古代的传注。西晋以下，注史的情况越来越多。《三国志》裴松之注包括补缺遗、备异闻、正纰缪、辨当否四项内容，深受后世考史者推崇。但其作为治经、治史的重要方法，则是在清代才专门提出来的，至乾嘉时期形成专门学问。考据之学与目录、版本、辨伪、校勘、注训、辑佚等学密切相关，成为诸多学问的综合运用。从事考据，一般说来，不掌握上述知识和手段，难以达到取材广博、用材精审、训释准确、类例分明，也就难以确保考证无误。除了史料学或文献学的知识外，还需要逻辑学修养、其他相关专业知识，如音韵、历律、地理等知识。近代王国维提出“二重证据法”，用旧史料解释新发现的材料，以新发现的材料印证旧史料，将考据之学推向新阶段。考古证史一派的陈寅恪、陈垣，继王国维之后，不仅体现了近代考据家的史识，还将与考据学相关的各专门之学趋于条理化、系统化。

治史方法的发达，与修史制度的演变、史籍形式的多样，表明我国传统史学始终处于一种知性阶段。重视史料的搜集、排比和考订，强调自身的积累，长于个体探讨（或称微观研究），再加之孔子“述而不作”以及“作者谓之圣，述者谓之明”的古训，使我国的传统史学基本上是以叙述的形态而存在。这样的一种治史系统，不仅对吸收其他学科成果重视不够，还相对排斥理论分析及概括，逐渐形成一个“封闭圈”，延缓着向理性阶段的迈进。因此传统史学不仅无法迎接外界的挑战，连自身的发展也步履艰难。发挥这种治史系统整理历史资料、考订历史事实之长，并使之由封闭走向开放，从知性推进到理性，则是应当着力解决的重要问题。

二　史学的起源与先秦史学

秦以前，是中国史学从发生至初具规模的形成时期。自原始的历史意识出现，到具有历史意识的人运用文字和历法以记录时事，再到史书的问世并对后世产生影响，是这一漫长阶段史学演进的基本线索。

1　史学的起源

史学的起源，历来多以文字和历法的出现为其先决条件，认为有了文字便能够记录已经发生的事，有了历法即有了明确的时间概念。其实，这只说了客观方面的条件，还必须有具备历史意识的人来运用文字和历法进行时事记录，才能出现史学。而这一点在此后的中国史学发展中，表现得越来越明显。

先说一下人类初始阶段传说的形成。

早在文字和历法出现以前，聚居世界各地的人类各自都有许多关于本部族先祖及部族自身历程的故事，一代接一代地口耳相授，形成传说。透过这些传说，后人多少可以从中捕捉到远古时代的一些历史踪迹。

《山海经》以人面兽身的猩猩为起始，以禹治水成功为卷终，正好反映了通常所说从猿到人、由野蛮进入文明的岁月。

诸子关于远古的传说则大都集中在这样几个方面：

其一，是有关各部族始祖降生的传说。如黄帝之母附宝，见大电绕北斗枢星，感而怀孕，24个月而生黄帝。又如舜母握登，见大虹意感而生舜。商始祖契之母简狄吞玄鸟卵而生契。这类笼罩神异色彩的传说反映各部族始祖降生前后，其部族正处于母系氏族社会末期，故只知其母而不知其父。

其二，是有关与自然界斗争获胜的传说。女娲补天的故事最为人知。远古时代，天的四极塌了下来，大地也裂开了，天火燃烧不息，大水浩瀚不止，猛兽、鸷鸟吞食生民。女娲炼五彩石以补天，斩鳌足以立四柱，杀黑龙以息水患。于是，“苍天补，四极正，狡虫死，颛民生。”（《淮南子·览冥训》）这个传说勾画出母系氏族社会阶段人类征服自然的宏伟场面，以及部落女首领的被神化。至于后羿射日、大禹治水等传说则是父系氏族社会阶段的事了。

其三，是有关农事的传说。如共工氏之子后土能平九土，故祀以为社（后土之神）。烈山氏之子柱能殖百谷百蔬。周的始祖弃自幼便好耕作，既能“相地之宜”，又会选用良种，被奉为农神，称“后稷”。

其四，是有关部落之间战争的传说。最著名要算是黄帝战蚩尤的故事了。蚩尤请来风伯、雨师，风雨大作。黄帝请来天女，止住风雨，战胜蚩尤。黄帝又与炎帝战于阪泉之野，三战而后克炎帝。

上述见于记载的神话传说主要是讲述人类祖先为求生存而不屈不挠地斗争和进行创业的艰苦历程。传说中的英雄人物，都是为公众谋利而亲身参预其中并起着明显带头作用的首领，没有为一己私利而高踞他人之上的主宰者，因而被千载传颂。这些英雄被神化，是受当时人类普遍缺乏征服自然的力量所局限，只能通过“想像和借助想像以征服自然力，支配自然力，把自然力加以形象化”。

透过这些神话传说，可以看到人类远古历史的影子，同时亦能见其原始的历史意识或历史观念，反映神化传说政治化、历史化的趋势。

在远古故事逐渐形成传说的过程中，最初并无文字和历法作为记录时事的手段，只是由能够与“神”沟通的人——巫祝、卜师等以口传诵，辅以结绳、楔木帮助记忆。“十口为古”，就是说经过多次口耳相授的事便为古事，也即今天所说的历史。所谓“瞽”、“瞍”、“矇”等便是最早进行口耳传授“古事”的人。

再看商、周时期的文字和记事。

大约在殷商时代，出现了文字和历法。目前我国见于记载的最早文字是殷商的甲骨文，即刻在龟甲、兽骨上的文字。因为是商王占卜的文辞，故又称为卜辞。刻辞于甲骨的“贞人”即是最初的史官。河南安阳殷墟发掘的甲骨有文字符号的在4万片以上。每一片上从几个字到百余字不等，所记包括祭祀、征伐、田游、狩猎、畜牧、天象、历法，以及生老病死、吉凶祸福等等。尽管甲骨上的这些记录还很零碎、简单，但初步具备了记事的基本形式。有一条卜辞这样刻着："壬午，王田于麦录……在五月，佳（唯）王六祀。"（《殷契佚存》518）这一段文字，时间（壬午、五月、六祀）、地点（麦录）、人物（王）、活动（田于麦录）等四项基本要素，俱已齐备。此类典型的实例虽然并不普遍，但足以表明当时记录时事可以达到的水平。不过这时的时间观念还很贫乏。记时顺序是日、月、年，很像今天西方的记时方式。《史记·殷本纪》中，有不少当时文献的篇名，如《帝诰》、《汤征》、《女鸠》、《女房》、《汤誓》、《典宝》、《夏社》等等，约略可见殷商时代记录时事的大致情况。

继甲骨文之后是金文，即自商代末期到战国末年，用籀书（大篆）铸于钟、鼎、彝、尊等青铜器物上的铭文，又称钟鼎文。每件铜器上所铸文字比每片甲骨上所刻卜辞多，一般在百字左右。最多至500字的铭文，也有相当数量。这些文字大都是祀典、征伐、赐臣仆、赐土田等内容。其中有的铭文并非只记一时之言或一时之事，而是把不相关的几句话或几件事同铸于一篇铭文之中。行文多为散文，偶有韵文，与《尚书》中《周书》的部分篇章以及《诗》中的文体、文风基本一致。

应当特别提出的是，殷商、西周之"史"并非专职记言、记事官，东周列国之"史"始指"史官"与"史书"。所谓"史不失书，蒙不失诵"，是指书事和传诵的分工。以传世典册的内容来考察，史官在当时是有侧重的。《尚书》、《逸周书》中，记言的篇幅明显地超过记事的篇幅。《诗》则属于“蒙不失诵”的那一部分，自然使人联想到古希腊的同类现象，如盲人荷马的史诗。

《尚书》最初只称《书》，自汉代被视为儒家经典，而列入“五经”后，始称《书经》。后又以其为“上古帝王之书”，故称《尚书》。原书有多少篇，是否经过孔子删定，历来争论不休，难以定论。传世《尚书》有“古文”和“今文”两种本子。“古文”25篇，属伪书。“今文”28篇，以朝代分为：《虞书》2篇、《夏书》2篇、《商书》5篇、《周书》19篇。就各篇内容而言，不过是各个时期的王言或时事，成为后人了解当时政治生活的原始文献。其中，《虞书》、《夏书》及《周书》中的个别篇章为春秋、战国时代所作。《商书》、《周书》各篇大都以记言为主，开篇简叙事由，然后引出全文。《金滕》记周公自武王末至成王初的一段公案，事具始末，集多年之事于一篇。《顾命·康王之诰》一是记成王去世、康王继位的经过，一是记成王留遗嘱和康王即位的典礼，既记事之始末，又记典礼，体例颇为特殊。

《诗》虽说也被视为儒家经典，列入“五经”之内，但它只是反映当时社会生活的文学素材。“《诗》三百五篇”，是指其包括的国风160篇、小雅74篇、大雅31篇、周颂31篇、鲁颂4篇、商颂5篇。作为传诵的史诗，时间和地点势必模糊不清，人物和事迹难免被夸大。国风以国编排，历史价值不及雅、颂，记载也没有雅、颂具体。大雅可视为一部西周兴衰史。《生民》讲周的始祖后稷一生的主要事迹，《公刘》讲公刘建立周之国家的过程。这两篇歌颂古代英雄的传说采用的是传记形式，前所未有。《绵》、《皇矣》、《大明》等篇接续下来叙至武王克商。《下武》、《假乐》诸篇咏成、康以下守成而致升平。《崧高》、《江汉》颂宣王中兴，《桑柔》、《召旻》讽厉、幽荒政，叹西周颓倾。此外还有专叙封国、征伐、狩猎、农事的篇章，如《六月》、《车攻》、《东山》、《甫田》、《良耜》等等。周颂31篇是《诗》中最早的作品，包含远古传说和某些故事。有关周代社会生产的情况，周颂中有一些别处所不见的记载。

另有《逸周书》，为《尚书·周书》以外的周之"诰誓号令"，今存59篇，多为战国时代所作。其《世俘》篇，颇类《尚书》中的《召诰》、《洛诰》，记事也较清晰。

商、周的文字记录比起远古没有文字的传说，显然是跨进了一大步。但甲骨卜辞、青铜铭文只是单篇的时政记录，刻、铸文辞之人尚不能说已经有了明确的记往事、传后代的意识。而《书》、《诗》等的汇辑，实际上是经历了一个自然淘汰的过程，以致人们不能确知其纂集之人究竟是谁。如果说真是经孔子之手删定过，那它们体现的应是以孔子为代表的历史编纂思想。这就像甲骨文所记是一片片殷商的时事，而《甲骨文合集》的编辑出版体现的是今天的甲骨学者的历史编纂思想一样。因此，《书》、《诗》等的出现，表明这时已经懂得通过整理古籍，将零散的单篇文献分类或按时间先后编排，以反映和认识前代政事的某些变化。其中，为历代所瞩目的有两点：一是《书》、《诗》都反映了由商代“恪谨天命”向周初“敬德保民”的变化，二是自周初便明确认识到以前代为鉴戒的重要性。《尚书·召诰》提出“不可不鉴于有夏，亦不可不鉴于有殷”，《诗》中多次出现“殷鉴不远，在夏后之世”，“宜鉴乎殷，骏命不易”。以古为鉴的思想对后来中国史学的发展影响极为深远。

历史意识和编纂技巧的日渐成熟，表明我国古代的史学已经跨出了萌芽状态，将要步入形成阶段。

2 史学的形成

西周末年，王室和各诸侯国政务日繁，单篇的文书已经不能适应当时的社会形势，需要依时间先后来记录重大的时事，因而推动了编年记事方法的发展。周室陵夷、诸侯力政、战争频仍、会盟繁多，丰富着编年记事的内容。诸侯权移、大夫专国，又在各国记事之外出现了各家记事。在先秦诸子的著述中，常常可以看到有关各国国史的论说。如《墨子·明鬼下》称“吾见百国春秋”，《孟子·离娄下》说“晋之《乘》、楚之《梼杌》、鲁之《春秋》，其实一也。”从《国语》、《史记》等记载考察，周王室和列国编年记事大都出现在周宣王元年（前 841 年）前后。从这一年起，开始有了确切的纪年，我国也就有了逐年可考的历史。

周王室及各诸侯国的编年记事，即墨子所说“百国春秋”，屡经战火，都已无存。唯有鲁国史官以周王室和鲁国之事为主要内容的编年记事——《鲁春秋》，经孔子删削和孔门弟子传授，得以传世。

编年记事的雏形——《春秋》。

《鲁春秋》是鲁国史官按年记录的鲁国重大时事，据《史记》等有关记载所说，它又经孔子进行“约其文辞，去其烦重”的删节，便于以口传授弟子，即成为传世的《春秋》。

《春秋》叙事，司马迁概括为“纪元年，正时日月”。这七个字，第一次说明编年史的基本特征。所记时限，起鲁隐公元年（前 722 年），止于鲁哀公十四年或十六年（前 481 年或前 479 年），用鲁国纪年。所记内容以鲁国的政治事件和人物活动为主，兼及相关的周王室和其他诸侯国时政，如朝聘、会盟、征伐、城筑以及各国逐君、弑君、争位等事。记录日蚀、地震、水旱、霜雪及怪异现象，有单纯“记异”的一面，也有着眼于“天人相予”的一面，应作具体分析。至于经济、文化等内容，则绝少记载。全书仅 18000 余字，只能说是一个记事的事目，或是一份讲授鲁国国史的提纲。有的事目只有一个字，如僖公三年六月，仅一个“雨”字。定公四年春三月，字数最多，也才 45 个字。不论字多字少，都没有记述事情的原委，更谈不上什么内在联系了。所以，《春秋》只能说是编年记事的雏形。

《春秋》作为鲁国国史，虽经孔子删节，便于口授，仍不失其官方立场。书中记事，每每以周礼为准则。周礼的核心是“经纪人伦”，即强调“君臣父子上下”之道。《春秋》记事，反对一切违背周礼的僭越行为。明明是晋文公召见周天子，书中以臣召君为非礼，便改写成“天王狩于河阳”。这种为维护周天子名分，不惜掩盖事实真相，为尊者、贤者讳的做法，给后世史学带来极为不良的影响。

在涉及《春秋》书法时，历来多称道孔子“属辞比事”，寓褒贬于其中。其实，这是经学家的夸大其辞。所谓“比事”，不过就鲁国国史旧文加以删节。所谓“属辞”，实即沿用鲁国国史用词。同是记战争，有不同的用字，如伐、侵、战、围、入、灭、救、取、执、溃、败等等。这并非孔子的发明，而是春秋以来记事中逐渐约定俗成的惯例。

《春秋》被奉为儒家经典，受到历代推崇，正是以牺牲记述事实真相为重大代价的。因此，《春秋》在中国史学发展中的实际地位，绝不可以用其在经学史上的地位来渲染。

由春秋列国纷争进到战国各国变法，既是我国古代社会大变革的时代，又是我国古代思想领域百家争鸣的时代。诸子骋说各国国君，往往征引古事，既表达出各自的历史观点，又推动着史学的形成。这时史书编纂趋于完备，开出新生面，为史学的最终形成铺平了道路。

《左传》——史学形成的标志。

战国时代问世的史书大多已经亡佚，现存主要有《左传》、《国语》、《战国策》等。

《左传》在西汉初年以前称《左氏春秋》，后来称为《春秋左氏传》，简称《左传》。汉代经学家将《左传》与《公羊传》、《谷梁传》看作是《春秋》的“三传”，即解释和传授《春秋》的三大系统。其实，《左传》并非专为解释《春秋》而作，它是一部独立的著述，以记述史实为主。全书编年记事，自鲁隐公元年（前722年）始，至鲁哀公二十七年（前468年）止。追溯叙事，上至周宣王二十三年（前805年）晋穆侯伐条之役。此外，还有超出编年下限的晋智伯之灭（前453年）。流传至今的《春秋左氏传》已非原貌，是经西晋杜预在集解《春秋》经、传时所改编过的本子。

《左传》的成书有一个较长的过程，绝非一人一时之作。相传《左传》是鲁国贵族出身的瞽史左丘明所作，与孔子大约同时，并为孔子所推崇。但《左传》的最终成书是在左丘明、孔子之后，约当战国初年，最迟不过公元前4世纪中。至于作者究竟是谁，历来虽有各种说法，但可不必深究。可以这样说，今人所见战国和战国以前的各种著述，都非成于一人、录于一世，这是那个时代学术发展的一个基本特点。依照当时重视传授系统的习惯，大约因为《左传》主要事实是由左丘明传授的，因而推其为书的作者。

《左传》的编纂不论取材、叙事，还是注意事物联系、反映社会变革，都大大超过《春秋》。

《左传》大体以《春秋》为纲，再“取各国史策为之”。所谓“无经之传”的非鲁国记事，或者经、传不一之处，就有很多内容是取自相关各国国史的记载。全书记事，春秋前期较略，春秋后期为详，后期又以襄公、昭公之事为最详。从国别来说，记晋、鲁、楚之事为详，而记齐、郑、吴、卫、周、宋、秦之事则较略。在编年记事的基本形式下，书中还灵活运用了“事具本末”和专写人物的两种特殊笔法，如晋公子重耳流亡、郑子产为政等，既展示了纪事本末和人物传记的最初形式，更体现了《左传》注意事物联系和发展变化。战争是战国年间的时代特点，《左传》反映这一时代特点尤为出色。书中记述战争，从战前的准备，到临战的料敌决策，再到战场上的交锋拼杀，直至战争的结局，层次分明，生动真实。同时，又把双方君臣、将士在整个战役中的精神面貌加以对比，不但写活了人物，还揭示出战争胜败的决定因素。

《左传》问世于战国初年，必然使其思想观点表现出明显的两重性和折中倾向。这时，周王室更趋衰微，诸侯相互兼并，逐渐形成大国称雄的局面。三家分晋、卿大夫跃而为诸侯，继以各国的变法，成为新的趋势。但就整个体制来讲，仍然是“周制未改”的形势。《左传》一面如实地记述和反映了这种新旧的交替，既不为“王纲失坠”而慨叹，也不为周天子等“尊者讳”。另方面，在周王室尚还名存的情况下，怎么可能提出取周王室而代之的思想，因而仍然“以周礼为本”。维护周王室的共主地位，承认各诸侯的霸业，便成为

《左传》的基本思想和记事的出发点。书中的重人事与多预言，同样是其思想上两重性的表现。《左传》评论史事，不少是对《春秋》“寓褒贬”的发挥，主要有四种表达方式：一是用“君子曰”之类直接发论，二是叙事中的结语或综述，三是引用他人（主要是孔子）的言论，四是依托某些预言。

《左传》继承并发展了《春秋》“纪元年，正时日月”的编年成就，突破诸侯各自为史的格局，第一次将众多诸侯纪事熔冶于一书，成为集“百国春秋”之大成的历史编纂，将编年史推向成熟。其史学成就和文学成就，在秦以前的著述中都是一个高峰。

战国时期的其他史册。

与《左传》同时，还出现了一部《国语》，相传也是左丘明之作。

《国语》全书 21 卷，分 8 国编排：《周语》3 卷、《鲁语》2 卷、《齐语》1 卷、《晋语》9 卷、《郑语》1 卷、《楚语》2 卷、《吴语》1 卷、《越语》2 卷。所记内容主要是西周末年穆王征犬戎，至春秋末年晋智伯之灭，前后 400 余年间，上述 8 国部分君臣谋议得失的对话。这一结构表明该书是汇辑有关各国记言为主的文献而成。其编排顺序是“先王室而后列国，先诸夏而后蛮夷”，透露出崇周尊王的思想。但其书将周王室与鲁、齐等 7 国并列汇于一辑，多少也表示着承认既成事实的客观态度。

从其分卷可以看出，《国语》一书保存晋国之事最多，这与《左传》相同，而一些细节又较《左传》为详。有关周室的记载，可以补《左传》所缺。其余各国，也有《左传》未详者。同一记事，两书互有歧异，亦可彼此参证。

《国语》汇辑各国君臣之语，不在记事，使春秋时期若干重大事实失载。每卷中各篇记言，多不相关联，甚至所记各国起迄时间和表述方式也不一致。因此称《国语》为国别史，不如说它是列国史料汇编更符合实际。

战国时期各国史官所记，唯有魏国的编年记事到西晋时在汲郡魏襄王墓被发掘出土，称为《汲冢书》。因其是写在竹简上的，又称《竹书纪年》，是起始之年最早、编次时限最长的编年简史。今有辑本。

《战国策》相传是战国时期各国史官或策士所辑录，有《国策》、《国事》、《事语》等不同的名称。西汉刘向进行整理，按战国时期列国情况，删除重复，编为 33 卷，是为古本。今本的编次是：东周 1 卷，西周 1 卷，秦 5 卷，齐 6 卷，楚 4 卷，赵 4 卷，魏 4 卷，韩 3 卷，燕 3 卷，宋、卫 1 卷，中山 1 卷。所记多为当时谋臣、策士游说各国，或相互辩论中提出的政治主张和种种策略。其中，传人叙事，颇有形象、生动之笔。

除此而外，战国时期还涌现出不少具有专史性质的著述。流传至今者，主要有阐释《春秋》“大义”的《公羊传》、《谷梁传》，记述山川、道里、物产、风俗、人物、传说的《山海经》，讲述地理沿革的《禹贡》，记录礼仪制度的《仪礼》和《周官》等。这些著述，成为后世史学范围逐渐扩展的最初基础。

三《史记》与“二十四史”

秦始皇建立大一统的集权统治，经过秦末、汉初的反复，到汉武帝时才从体制上巩固下来。在新的形势下，如何认识和总结春秋战国以来的巨大社会变革，确认和完善新的社会秩序，成为时代的中心议题。司马迁肩负历史使命，继《春秋》而“述往事，思来者”，写成规模空前、影响久远的史学巨著——《史记》。

西汉末年，大一统的集权政治又经历了一次考验，刘姓皇室失而复兴，写一姓一朝兴衰史应运而生。班固沿用《史记》的体例和部分史料，写成第一部断代史——《汉书》。继其后，又有《三国志》、《后汉书》问世，与《史记》、《汉书》并称“前四史”。

断代为史，经南北朝到唐初形成制度。即每个新建皇朝都要设馆修撰前代之史。清乾隆年间，“钦定”历代“正史”，便是以《史记》发端，自《汉书》断代的“二十四史”。

下面作一贯通性的评述。

1 《史记》的编纂与成就

司马迁写《史记》，有着一段极为辛酸的经历。他的生卒年，至今仍无定论。现今确知其为左冯翊夏阳（今陕西韩城）人，字子长。10岁左右，随父司马谈到京城长安，始“诵古文”，涉猎“六经异传”和“百家杂语”。20岁开始远游，后又从汉武帝多次巡幸，还受命出使“西南夷”地区。司马谈临终吐宿愿，司马迁誓死承遗志。元封三年（前108年），司马迁继父任为太史令，“紬史记石室金匮之书”。太初元年（前104年），参预修订历法之后，全力投入著述之中。天汉三年（前98年）春，为李陵败降匈奴辩护，触怒汉武帝，被定了“诬罔主上”的死罪。按照当时的律条，有两条可以免死的办法，一是用钱自赎，二是接受腐刑。司马迁家贫，没有大笔的钱财赎罪。如果伏罪，“草创未就”的著述势必付之东流，死得不值，“轻于鸿毛”。唯有蒙受奇耻大辱，接受腐刑，求得人的生存，才能继续未竟的著述大业。受刑不久，又被任用为中书令。虽然官位“尊宠”，司马迁却不感兴趣，而将自己的全部才学、卓识和心血都倾注到了笔端，写成这部饱含血泪的不朽之作。

这部名著最初并无固定作为书名，被称为《太史公书》。到汉宣帝时，由司马迁的外孙杨恽“祖述其书，遂宣布焉”，得以流传。汉元帝、成帝之际，褚少孙补其所缺10篇，成为今天所见的完本。《史记》作为书名大约在东汉、三国之际。

《史记》全书凡本纪12篇，表10篇，书8篇，世家30篇，列传70篇，共计130篇（卷），是一部结构严密、内容宏富的百科全书式的通史。记述时间，上下三千年，起传说中的黄帝，至在位的汉武帝。记述空间超越今日中国版图，西抵中亚，北过大漠，南尽“日南”。在这广阔的时空架构上，勾勒出华夏民族的完整社会画卷，政治、军事、经济、文化、科技、民族、民俗、宗教、周边关系以及天文、地理、律历、技艺，无所不包。对于社会构成的各个阶层，上至帝王勋贵、将相官吏，下至士农工商、医卜游侠，都有完整的记述。在博通古今的前提下，详今略古、注重当代是其一大特点。全书130篇，记述3000年的历史，竟有66篇是完全或重点记述楚汉相争以来近100年间的“当代”之事的，这在历代所修各类通史中是仅见的。

在全书基本完成之际，司马迁回顾了自己一生的经历和遭遇，归纳了写作《史记》的宗旨和目的。这就是《报任少卿书》中所说“网罗天下放失旧闻，考之行事，稽其成败兴坏之理，凡百三十篇，亦欲以究天人之际，通古今之变，成一家之言。”

“网罗天下放失旧闻，考之行事”，既体现了司马迁广集史料、考辨异同的“实录”精神，又表明《史记》具有总结古代学术的特点。《太史公自序》讲，“成一家之言，厥协六经异传，整齐百家杂语”。所谓“厥协六经异传”，是说综合当时已被奉为经典的易、书、诗、礼、乐、春秋等六类著述及相关的传和注。“整齐百家杂语”，是说排比、划一诸子百家、骚赋杂说。其引司马谈“论六家之要指”，是继承父志总论当时的学术。《史记》所记学术活动，以儒、道两家为主，同时记录各家，如名家、墨家、阴阳家、法家以及兵家、数术家、方伎家，并加评论，开学术史先河。据考证，《史记》所引“六经异传”和“百家杂语”，约在80种以上。“网罗天下放失旧闻”，司马迁还提到两个方面的史源。一是“石室金匮之书”，即汉初的档案，如《太史公自序》中所说，“萧何次律令，韩信申军法，张苍为章程，叔孙通定礼仪”等，散见于表、传中的“余读功令”，“汉廷奏覆颁下施行之式”等。二是亲身闻见，如不少篇卷的“太史公曰”都提到“余从巡祭天地诸神……究观方士祠官之言”，“吾适丰沛，问其遗老，观故萧、曹、樊哙、滕公之家，及其素，异哉所闻”等。综合上述四个方面的史料来源，经过认真的“考辨”、“整齐”，从传说中的黄帝写到汉武帝，成为一部通史，这本身就是对此前史学的一次系统总结，使《史记》成为新的“一家之言”。

适应新的社会秩序，反映新的社会结构，《史记》综合了以往的史书体裁，创立了以本纪为纲的新的综合体史书形式，即本纪、表、书、世家、列传五种体裁的统一体。本纪，记“王迹所兴”，以能够号令天下的“王者”为主，展示历代治乱兴衰之迹。表，条贯“并时异世，年差不明”的大事，既可横向对照，又可纵观始末。本纪和表都以时间先后为序。书，以事为类，记“礼乐损益，律历改易，兵权山川鬼神，天人之际，承敝通变”，有专史的性质。世家，兼用编年和传记形式，记述诸侯、勋贵等“辅拂肱股之臣”。列传，主要记各类对社会有贡献的人物，分专传、合传、类传、杂传等形式。人物之外，还记周边政权或部族。五种体裁综合运用，相辅相成，构成一个完整的体系。这一编纂形式，最恰当而巧妙地反映了大一统的集权统治的等级结构，最大限度地囊括了大一统政权下的社会各方面。以纪、传为基本框架的“正史”，逐渐取得“独尊”的地位，一部接一部地不断续修，其奥秘正在于此。《史记》创立了以纪、传为基本形式的史书体，是其在历史编纂上的“成一家之言”。

“究天人之际，通古今之变”，是《史记》在历史观念上做出杰出贡献的两个重要方面，代表着周秦以来对“天人”关系、“古今”变化认识的新水平。

“天人之际”和“古今之变”，是周秦以至汉初的社会关系在人们观念上的反映。当权者的统治地位比较稳固时，人们对于“天”主宰人世间一切很少怀疑。一旦当权者的统治地位动摇，或是行将灭亡之际，人们对于“天”的主宰力随之产生怀疑。古今之变的问题也是一样。主张权力不变的总是感到快要垮台的掌权者，而要求变革的一定是希望掌权的革命者。周秦之际，人们在这两个问题上的观念，就是这样随着社会关系的变革而反复。到了汉武帝时期，适应大一统集权统治的需要，董仲舒提出“道之大原出于天，天不变，道亦不变”的说法，也就是天人合一、古今永恒的意思。司马迁总结周秦以来的思想学说，提出了与董仲舒完全不同的认识。他主张“究天人之际”，不同意所谓“道之大原出于天”；肯定社会变革，要“通古今之变”，不同意“天不变，道亦不变”之说。

根据对《史记》的内容考察，司马迁“究天人之际”，主要包含这样几层意思。第一，肯定阴阳五行学说中阐述自然现象的那部分内容，同时批判“使人拘而多畏”的阴阳禁忌之说。第二，注重人事的历史作用，包括民众的力量，讲“时”（时代条件）、“势”（形势），说明天道不可信。《货殖列传》全然不理睬天道，专门从社会经济角度论述人事，指出财富占有情况决定人们的社会地位，也决定人们的道德观念。第三，以历代帝王造神的历史来揭示迷信的虚妄，但并未完全否定“五德终始说”。

“通古今之变”，在《史记》记述上下三千年的历史过程中，表现出了更为令人瞩目的成就。首先，“略协古今之变”，就是探寻古今之变中规律性的因素。其次，认识到古今之变是有阶段性的。十表中，三代作一个表，十二诸侯作一个表，战国作一个表，完全是按历史阶段来编排的。十表及其序文概括出古今之变的大势。其三，“综其终始”、“原始察终”、“见盛观衰”、“承蔽通变”，构成一个较为完整的认识历史过程的科学方法。尤其是“见盛观衰”、“承蔽通变”颇具辩证因素，是要透过表象看到本质，认清历史的演进最终必然通过剧变来实现。

“述往事，思来者”，第一次将“往事”与“时事”区分开来，是有“史”以来对于史学目的最接近本质的概括：研究历史，了解过去，预见未来。

综上所述，司马迁以“究天人之际，通古今之变，成一家之言”为主旨，以四项史源取材，五种体裁编纂，忍辱发愤，终于完成了记述远古至汉初三千年中国史的第一部完备的历史巨著。《史记》的问世标志着中国史学取得了划时代的发展。《史记》不仅史学成就空前卓著，在文学方面仍然散发着绚丽的光彩，因此被誉为“史家之绝唱，无韵之离骚”。

2 两汉史与三国史

《史记》问世之后，至南朝初年，先后出现了《汉书》、《三国志》和《后汉书》，成为二十四史中著名的“前四史”。

先说《汉书》的编纂与成就。

《史记》的开创性成就吸引了其后一百七八十年间的史家学者，纷纷起而续修。刘向、刘歆、扬雄等相继续撰《史记》。东汉初年，班彪不满于这些续作，便“继采前史遗事，旁贯异闻”，作《后传》数十篇。但这时的最高统治集团不愿再看到历史发生“古今之变”，总是想方设法固定大一统的集权统治。因此自汉武帝“罢黜百家，独尊儒术”以来，更加强了对思想文化领域的控制。于是，所有续撰《史记》者，差不多都是高度评价其编纂方面的成就，而又极力讥责其思想方面的精华。扬雄称《史记》为“实录”，讥其

“不与圣人同是非，颇谬于经”。班彪一面充分肯定《史记》“善述序事理，辨而不华，质而不俚，文质相称，盖良史之才”，一面又深责司马迁“论术学则崇黄老而薄五经，序货殖则轻仁义而羞贫穷，道游侠则贱守节而贵俗功。此其大敝伤道，所以遇极刑之咎”。班固正是在这样的历史条件下，继其父班彪遗志，完成《汉书》著述的。

班固（公元 32 ~ 92 年），字孟坚，扶风安陵（今陕西咸阳）人。班彪续撰《史记》后传，仍然是通史性质。斑彪病故，班固续修，被告发私改国史，人下狱，书稿没官。弟班超上书辩其撰述本意，东汉明帝阅其稿后，召班固为兰台令史，预撰《世祖本纪》，擢为校书郎。又撰东汉功臣列传、载记 20 篇奏上，明帝始命其完成父业。经过这一变故，班固对于续修《史记》后传作出重大变革，认为“汉绍尧运，以建帝业”，不应当将西汉一代“编于百王之末，厕于秦、项之列”，而必须单独“追述”西汉一代帝业、功德。于是历时 20 多年，至章帝时撰成《汉书》。和帝时，班固死狱中，由其妹班昭续补“八表”。后又由马续补成《天文志》。

《汉书》分十二纪、八表、十志、七十列传，共计 100 篇，后人分为 120 卷，记汉高帝元年（前 206 年）至王莽地皇四年（公元 23 年）间史事。某些篇章，如《古今人表》和十志则贯通古今。《汉书》承袭《史记》体例而有所变化，十二纪写西汉十二帝大事，不写细节，只列事目；八表中有五个表从《史记》汉王侯表演变而来，《百官公卿表》比《史记·汉兴以来将相名臣年表》内容丰富，《古今人表》将远古至楚汉之际人物列为九等；改《史记》的“书”为“志”，律历、礼乐、食货、郊祀、天文、沟洫等六志承袭《史记》而有所改变，刑法、五行、地理、艺文等四志为新创；废去《史记》的“世家”；七十列传基本记西汉人物，以时间为序，先专传、合传，后类传、周边传，开列传以群雄始、贼臣居末的先例。十志最体现《汉书》的详赡，对此后的史志修撰影响很大。

《汉书》的编纂抛弃了《史记》“究天人之际，通古今之变”的思想成就，把天人感应、五行灾异当作社会现象的永恒学说来宣扬，再也不从历史的发展进程中考察每一个皇朝的兴衰成败之理。《汉书》编纂思想的退化和编纂体例的改进、记事的详赡，为其后的官方正宗史学树起了一面旗帜。

《汉书》之后，先是《三国志》，后是《后汉书》的编写。

《三国志》原为《魏书》30 卷、《蜀书》15 卷、《吴书》20 卷，后合称《三国志》，共 65 卷，只有纪、传而无表、志。

作者陈寿（233 ~ 297 年），字承祚，巴西安汉（今四川南充）人，在蜀汉和西晋做过官。《三国志》记述魏、蜀、吴三国史事，有分有合。分则三国各有系统，合则又是整体，以魏帝立纪，为全书大纲。其着眼点是东汉末年黄巾起义至西晋灭吴这一历史时期，不以某一个皇朝政权为断限，表现出一定的卓识和史才。陈寿以蜀臣入晋而修三国史，因而用统一的眼光剪裁三国史事。总的说来，书中所反映的正统思想比较淡薄，而品评人物的兴趣则很浓厚，因此传写人物生动传神。当时称其人“善叙事，有良史之才”，称其书“辞多劝戒，明乎得失，有益风化”（《晋书·陈寿传》)。《三国志》记事简略，裴松之注弥补了这一缺陷。

《后汉书》虽然记述的是东汉一代（自王莽末年至汉献帝让位）的史事，但其编纂却在陈寿《三国志》之后，是由两部分合成的。

范晔（398～446年)，字蔚宗，顺阳（今河南淅川）人，由东晋入南朝宋为官。在范晔之前已出现多部后汉史著，以司马彪《续汉书》（有志无表）和华峤《汉后书》（志未完成）较好。范晔博采众书之长，斟酌去取，编写成《后汉书》90卷，“以意为主，以文传意”。编纂叙事，多以类相从。除《史记》、《汉书》已有的类传，又创立了皇后纪和党锢、宦者、文苑、独行、方术、逸民、列女等类传，把同类人物纳于一篇。有些合传也以类相从，如王充、王符、仲长统三个著名学者合为一篇，集中反映当时的思想认识水平。

由于范晔卷入皇权之争的漩涡，成为替罪羊，以“谋反”下狱而死，《后汉书》的志没能完成。待到南朝梁，刘昭在给《后汉书》作注时，将司马彪《续汉书》中的志30卷抽出来，加注补入范晔书中，便成为传世的《后汉书》，纪10卷、列传80卷、志30卷，共计120卷。

3 两晋南北朝史

二十四史中，记述两晋南北朝史事的有十一史。《宋书》、《南齐书》和《魏书》三史是南北朝时期所修，其余八史——《梁书》、《陈书》、《北齐书》、《周书》、《隋书》和《晋书》、《南史》、《北史》是唐朝初年所修。

《宋书》100卷，纪10卷、志30卷、列传60卷，记述南朝宋的兴亡。作者沈约，历仕南朝宋、齐、梁三代，官至尚书令，多次参预修史。南齐武帝永明五年（487年），奉命修撰前代之史，第二年即奏呈纪、传70卷，诸志30卷最后撰成，已是梁武帝之世了。书中记事较繁，却也详细。记天竺，宣佛法，多少反映出当时的社会风貌。八志追溯沿革，上接《后汉书》各志，又于魏晋较详，可补《三国志》无志的缺陷。

《南齐书》59卷，纪8卷、志11卷、列传40卷，记南齐一代的兴替。作者萧子显为南齐皇室子孙，在梁为官，取南齐"国史"，编撰成书。书中为其先人讳饰夸美之处较多，但别的部分记述真实，文字简约。八志中，州郡、百官二志简明实用。

《魏书》114卷，纪12卷、列传92卷、志10卷20篇，记述北朝魏的兴衰。作者魏收历北朝魏、齐两代。北齐天保二年（551年），奉命修撰前代魏史，由高隆之监修，魏收主其事。北魏分裂为东、西魏，东魏又为北齐取代，魏收在北齐奉命修史，自然是以东魏、北齐为正统，而贬斥西魏。《魏书》在体例上有些变革，帝纪之前另立《序纪》一篇，追述北魏先世始祖事迹。魏晋以来，佛教盛行，《魏书》又创立《释老志》，记述佛教传布、高僧事迹和道教方士。又改《职官志》为《官氏志》，先记官，后述氏，重点在记官。《魏书》十志，《宋书》、《南齐书》八志，恢复了《汉书》中的食货、刑法二志。魏收记述人物，大都缀及其子孙及族人，推崇世家大族，类似家谱、族谱。关于魏收爱憎由己，用修史来酬恩报怨，历来颇受非议，但也有为其辩诬者。流传中多有散失，据魏澹《魏书》、《北史》等补足。

当历史进到“贞观之治”的年代，唐太宗“欲览前王之得失，为在身之龟镜”（《册府元龟》卷554），于中书省置秘书内省，组织编修前朝五代史。姚思廉修南朝梁、陈史，李百药修北齐史，令狐德棻修北周史，魏徵主修隋史，以宰相房玄龄监修，以副相魏徵“总加撰定”，以令狐德棻“总知类会”。贞观十年（636年），修成《梁书》56卷、《陈书》36卷、《北齐书》50卷、《周书》50卷、《隋书》55卷，合称为“五代史”。

贞观十五年（641年），又以“五代史”只有纪、传而没有志，便诏修“五代史志”。历时15年，至高宗显庆元年（656年），由监修长孙无忌领衔奏上，共30卷，分礼仪、音乐、律历、天文、五行、食货、刑法、百官、地理、经籍等十志。最初单行，后来编入《隋书》纪、传之中，即称《隋书志》。

《梁书》56卷，纪6卷、列传50卷，记述南朝梁的兴替，实际是姚思廉继其父姚察遗作编次而成，魏徵“裁其总论”。

《陈书》36卷，纪6卷、列传30卷，记述南朝陈的兴灭，也是姚氏父子相继编写，魏徵于帝纪、皇后传后有总论。《梁书》记事、文笔都胜于《陈书》。

《北齐书》50卷，纪8卷、列传42卷，记述北齐政权的兴替，包括北齐的前身东魏的史事，也是李百药继承其父李德林遗业，参考他书，增删润饰而成。流传中散失较多，后人取《北史》等书补配。

《周书》50卷，纪8卷、列传42卷，记述西魏、北周两代兴替的历史，形似集众官修，而终其业者仅令狐德棻一人，实际是奉诏私修。其书也有散失，而取《北史》和它史补缺时，又有所篡改。

《隋书》85卷，纪5卷、志30卷、列传50卷，纪、传记述隋朝的兴亡，志记述梁、陈、齐、周、隋五代典志。《隋书》代表着唐初史学发展的最高成就，反映私人修史向集众官修过渡的基本完成。《隋书》以隋为鉴，把史学的鉴戒功用推向一个新的高度，从反面向唐皇室提供了一整套施政的方略，促成“贞观之治”的出现。在两晋南北朝的十一史中，《隋书》记事与文笔属于上品。十志贯通前后，尤其受到后代学者的推崇，被誉为“极有伦类而本末兼明”（《通志·艺文略三》）。十志基本上奠定了后世“正史”志的规模。《经籍志》在古代目录学史上具有重要学术地位，经、史、子、集四部分类法，史部以“正史”居首，都是由《隋书·经籍志》正式确定下来的。

在设秘书内省修撰《隋书》等五代史和诏修《五代史志》之后，又出现了两种特殊形式的“正史”，即“御撰”《晋书》和私修官审的《南史》与《北史》。

《晋书》130卷，纪10卷、志20卷、列传70卷、载记30卷，记述西晋、东晋兴替史事，包括十六国的兴灭。贞观二十年（646年），唐太宗下诏修《晋书》，房玄龄、褚遂良、许敬宗为监修，令狐德棻、敬播等“详其条例”，李淳风、李延寿等近20人参预修撰。唐太宗为宣帝（司马懿）、武帝（司马炎）两纪和陆机、王羲之两传写了后论，故旧题“御撰”。两晋南北朝期间，有所谓“十八家晋书”，唯独臧荣绪“括东、西晋为一书”，为此间官修《晋书》的蓝本。贞观二十二年（648年），新修《晋书》成，各家晋史逐渐被取代而亡失。新修《晋书》，编纂严谨，体例有一定革新。帝纪在武帝之前，为无帝号的司马懿、司马师、司马昭分别立纪。十志追叙至三国，正好补《三国志》无志之缺，可与《宋书》八志参照互补，虽略逊于《隋书志》，但仍为历代学者推崇。列传编次也很得体，多以类相从，又注意载录重要文献。为了记述十六国史事，援引“载记”之例，分国记述，不分华夷，只称“僭伪”，体现着唐太宗对于“华夷”“爱之如一”的思想。由于《晋书》是唐太宗晚年所修，在总结前王得失和进行伦理说教两者之间，更多地倾向于从后者着眼，因而突出孝道，用以“敦励风俗”，便成为其基本思想。书中不仅专立“孝友”专传，而且以孝友、忠义二传居类传之首。将《后汉书》、《魏书》、《隋书》中记各种类型妇女的“列女”传改为专记贞节烈女的类传。

《南史》与《北史》，李延寿撰，自太宗贞观十七年（643 年）至高宗显庆四年（659 年），历时 16 年，经令狐德棻审正、遍咨宰相后上奏，得到官家认可。

《南史》80 卷，纪 10 卷、列传 70 卷，记述南朝宋、齐、梁、陈四代史事。

《北史》100 卷，纪 12 卷、列传 88 卷，记述北朝魏（包括东魏、西魏的对峙）、齐、周、隋六代史事。

《南史》与《北史》的编纂，主要是将南朝四史与北朝四史分别“连缀改定”，除其冗长，捃其菁华。在南北八史之外，又“鸠聚遗逸”上千卷，以广异闻。有人说李延寿修撰《南史》与《北史》，反映了倾向统一的历史思想。这是将其父李大师“编年以备南北”的思想移到李延寿身上，李延寿并没有完成李大师的这一著述宗旨。《南史》、《北史》仍然是把南北朝这一整个历史时期以地域为主分为两大部分，各为系统。南、北相互联系之事，多据各史机械编缀，因而割裂、错置。李延寿的打通南朝和北朝，则是有意突出谱系，一姓一族，祖孙数代，不论跨越几代政权，都集于一篇。

继“前四史”之后，经南北朝所修三史至唐初八史，纪传体“正史”取得长足发展，在史坛上逐渐居于独尊的地位，进一步推动着后来的官修正史接续不断。

两《唐书》与两《五代史》

在二十四史中，完整记述唐与五代史事的，各有两部史书，即《旧唐书》、《新唐书》与《旧五代史》、《新五代史》。为什么会出现这样奇特的情况呢？这表明北宋前期修史思想发生了重大变化，不惜重新改写唐、五代的历史。

《旧唐书》是五代后晋时官修的唐史，也是现存最早系统记述唐代历史的纪传体史书。天福六年（941年），后晋高祖下诏修撰，以宰臣赵莹为监修。至开运二年（945年），全书修成，由监修宰臣刘昫领衔上奏后晋少帝。史官张昭远负责其事，始终笔削之任。其史料来源，主要是唐代积累的国史、实录，以及官私所撰“记礼法之沿革，裁国史之繁略”的种种著述，如《通典》、《会要》、《续会要》、《大中统类》等。名家文集、杂史小说也都有所采录。只是由于唐末战乱，宣宗以下的原始素材缺乏，使得纂修者不得不发出“吮墨挥翰，有所慊然”的感叹。

现行《旧唐书》200卷，纪20卷、志30卷、列传150卷。卷下分篇，很不一致。有的1卷1篇，有的1卷分上、下篇，也有1卷分上、中、下篇的。全书的编纂，监修宰臣赵莹曾经提出一个总的原则：“褒贬或从于新意，纂修须按于旧章。”（《五代会要》卷18《前代史》）

“纂修须按于旧章”，使全书大体沿袭了唐代已有的各种基本素材，必然也就因袭了唐代各个不同时期的政治思想和历史观点。因此，《旧唐书》不像其他“正史”那样，反映的全是修史者的时代观念和对历史的认识，这在二十四史中是很独特的。书中对于唐代不同时期的政治得失的认识，大体可以这样说：论高祖史事，主要是太宗时的观点；论太宗至睿宗，反映的主要是玄宗前期的认识；论玄宗至顺宗，则以宪宗时的观念为主；宪宗至武宗，取宣宗、懿宗时观点较多；宣宗以下，则主要是五代中的观点。所谓“褒贬或从于新意”，当然是指用五代时的观念对于史事进行褒贬了，主要表现在两点上：一是承认某些藩镇，容忍姑息；二是赋予“忠义”、“叛逆”以全新的解释，或为其回护。这是因为五代的形势，是由唐后期藩镇割据发展而成，当然得承认唐代的某些重镇。而且，五代的官大都多次变换主子，于是提出一个折中的说法：“一心可事百君，宁限于两国尔！”（卷 59“史臣曰”）

总括起来，《旧唐书》的编纂很有特点，虽然有记事纷纭、人物重复、失于考订等缺陷，但“事迹明白，首尾该赡，亦自可观。”（《日知录》卷 26《旧唐书》）

在《旧唐书》完成后一个世纪，又提出重修唐史的问题。前后经过 17 个年头，在北宋仁宗嘉祐五年（1060 年），又修成另一部系统记述唐代历史的纪传体“正史”，这就是《新唐书》。

仁宗是北宋中期在位时间最长的一个皇帝，虽然号称“天下平和，民物安乐”，事实上却危机潜伏。对外，在与西夏、辽的对峙中，总是处于劣势。内部，民众的反抗斗争此起彼伏，财政危机空前严重。以范仲淹为代表推行的“庆历新政”，试图通过某些政策的修改调整，摆脱内外种种危机。于是，朝廷想起效法唐太宗，提出从《旧唐书》中寻找借鉴，使其“善者可以为准的，恶者可以为鉴戒”。然而五代“乱世”所修《旧唐书》竟“使明君贤臣、俊功伟烈，与夫昏虐贼乱、祸根罪首，皆不得暴其善恶以动人耳目，诚不可以垂劝戒、示久远”（《进新修唐书表》）。鉴于这样的原因，庆历四年（1044 年）正式提出重修唐史的问题。第二年，仁宗下诏组成书局。宋祁出任“刊修”（主编）10 年后，又增补欧阳修为“刊修”，实行双主编制。宋祁在地方官任上负责列传的修撰，欧阳修在书局负责纪、志、表的修撰，两位“刊修”不曾见面，也未对全书作过统一规划，书成之后分别署名，这也算是古代史学中的一件奇闻。

《新唐书》的史料来源，一是整部《旧唐书》；二是当时所见唐代文献，可用《资治通鉴考异》唐纪引书作为参照；三是金石铭刻及笔记野史。全书 225 卷，纪 10 卷、志 50 卷、表 15 卷、列传 150 卷。以卷分篇与《旧唐书》类似。编纂特点可以归纳为四句话：“本纪法严而词约，多取《春秋》遗意”；恢复立表，使纷繁的史事头绪分明；改进书志，“较旧史为精彩一变”；扩充列传，“其事则增于前，其文则省于旧”。比较而言，“志、表最佳，列传次之，本纪最下”（《十七史商榷》卷 69）。全书的编纂思想，也可以用四句话概括：暴恶以动人耳目；扬善以垂劝戒；尊奉《春秋》，推崇韩愈；力排佛老，以明王道。这也就是宋代以后《新唐书》受推崇、《旧唐书》遭排斥的主要原因。

如果说两《唐书》分别反映的是五代与北宋两个不同时期的历史认识，以新书否定旧书不足为怪的话，那么两《五代史》都是北宋时所修，竟以私修取代官修，就不能不引人深思了。

《旧五代史》是北宋开国仅 10 多年，于开宝六年（973 年）由太祖下诏所修，第二年修成后由薛居正领衔上奏。当时，割据的十国尚未完全归降北宋，宋太祖便急于修撰梁、唐、晋、汉、周五代史，就是想尽快从五代“方镇太重，君弱臣强”的教训中找出足以消除擅权争斗之弊的立国之策。因此，书中较多地记述了“诸侯跋扈，枉法杀人”及“势均者交斗，力败者先亡”的史事。薛居正等参预修撰的史官，都是亲身经历过这一历史变迁的，自不免有所感触和深思。因此，其书记述详实，不乏精辟之论。该书在金、元之际逐渐散佚，今天所见为清代学者邵晋涵等所辑，大体保持了原貌。全书 150 卷，编纂结构是五代各为一书，有纪有传。梁书 24 卷，纪 10 卷、传 14 卷；唐书 50 卷，纪 24 卷、传 26 卷；晋书 24 卷，纪 11 卷、传 13 卷；汉书 11 卷，纪 5 卷、传 6 卷；周书 22 卷，纪 11 卷、传 11 卷。十国则分别记入《世袭列传》和《僭伪列传》中，各 2 卷。另有《外国列传》2 卷，记契丹、吐蕃等周边部族。最后是十志 12 卷，通记五代典志沿革，首创《选举志》。

《新五代史》，本名《五代史记》，欧阳修私撰。欧阳修（1007～1072年），字永叔，吉州永丰（今属江西省）人。在参预“刊修”《新唐书》之前便着手撰写该书，历时30余年，直至欧阳修死后1个月，朝廷“诏其家上之”，才得以刊刻传世。编纂体例颇与《旧五代史》不同，打通五代，总为一书。纪12卷、列传45卷、考3卷、世家及世家年谱11卷、四夷附录3卷，共计74卷。列传尤具独特之处，全为类传，分家人传、名臣传、死节传、一行传、唐六臣传、义儿传、伶官传、宦者传及杂传。所谓“考”，亦即“志”。书中仅立《司天考》、《职方考》，是因为欧阳修蔑视五代的典志，只选取了与人事关涉不多的天文与地理作简要记载。《新五代史》之所以自金、元之际便取代了《旧五代史》，是因为书中贯穿有比《新唐书》更能维护封建等级秩序的说教，即“道德仁义，所以为治，而法制纪纲，亦所以维持之也”（卷46）。对于五代的割据，也不像《旧五代史》那样从中找出可以避免方镇跋扈的借鉴，而是完全采取《春秋》“笔法”，用特定的措辞以表“微言大义”，实际是有褒贬意义的影射。总之，《新五代史》是要以“治法而正乱君”，义例谨严，“而事实则不甚经意”。

两《唐书》、两《五代史》的出现，新书较旧书编纂形式更趋完备，说教内容不断强化，展示出此后史学发展的基本走势。

5 辽金宋三史与元明史

自北宋中期修成《新唐书》和《新五代史》之后，中原政权经金、南宋至元朝，才有《辽史》、《金史》、《宋史》的修撰。明朝灭元，又有《元史》。清前期，修成《明史》，便有了二十四史的说法。

《辽史》、《金史》、《宋史》是元朝翰林国史院组织史局修撰的。三史的修撰，颇经一番争议，究竟谁为正统，争了 80 多年，到元惠宗至正三年（1343年），右丞相都总裁官脱脱断为“三国各与正统，各系其年号”（《庚申外史》卷上），才正式修撰。四年三月，《辽史》先成。十一月，《金史》也成。五年十月，《宋史》最后完成。三史各有总裁官、修纂官、提调官，欧阳玄是修撰三史的主要成员，发凡举例，初稿修定，论、赞、表、奏，都由其“属笔”。脱脱是三史都总裁，故署其名。

《辽史》116 卷，纪 30 卷、志 32 卷、表 8 卷、列传 45 卷、国语解 1 卷，记述契丹政权——辽 200 余年的兴亡史事。

《金史》135 卷，纪 19 卷、志 39 卷、表 4 卷、列传 73 卷，附金国语解，记述女真政权——金 120 年间的兴亡史事，在二十四史中最为浩繁。

《宋史》496 卷，纪 47 卷、志 162 卷、表 32 卷、列传 255 卷，记述北宋、南宋 300 多年的兴亡史事，在二十四史中最为浩繁。

元朝修成辽、金、宋三史后仅仅20多年，即被明朝推翻。明朝政权一建立，便组织官修元朝兴亡史。太祖洪武二年（1369年）二月，首开史局，至八月修成元朝史159卷，以李善长为监修，宋濂、王祎为总裁官。三年二月，再开史局，至七月又修成53卷，仍以宋濂、王祎为总裁官。合前后两次所修，编为《元史》210卷，署宋濂、王祎等撰。其编纂结构是：纪47卷、志58卷、表8卷、列传97卷。

明朝灭亡以后，清朝统治者以少数族入主中原，欲效法明初修《元史》，于顺治二年（1645年）开史馆以修明朝兴亡史。但是清政权遭到明朝遗老和南朝政权的长期抵抗，因而修撰明史之事不可能在短时间内完成。康熙十八年（1679年），大局已定，征“博学鸿儒”，重开史馆，正式修撰。黄宗羲弟子万斯同以“布衣”身份参预修撰，颇受倚重。至康熙四十年，已经是460卷书稿赫然在目。万斯同逝后，总裁官王鸿绪主持修订。雍正元年（1723年），王鸿绪合纪、志、表、传310卷为《明史稿》，“录呈御览”。王鸿绪病故，张廷玉等奉敕续修。至乾隆四年（1739年），《明史》刊刻告成，故署“张廷玉等撰”。

《明史》本纪24卷、志75卷、表13卷、列传220卷，总计332卷。若以顺治二年初开史馆计，前后历时90余年。按康熙十八年重开史馆算，至乾隆四年刊刻完成，整整一个“甲子”。

《辽史》、《金史》、《宋史》、《元史》、《明史》等五部“正史”，虽说是沿袭着《史记》与《汉书》开创的体例，但更多的是继承了《新唐书》的编纂成就和伦理。

先说编纂体例的日益完备。其一，立表精细。自《新唐书》恢复立表以来，这五部“正史”都不再缺年表世系，并有一定创新。《辽史》八表历来被认为“最善”，使“一代之事迹亦略备”。《金史》立《交聘表》，反映复杂的外交关系，可“识其通好”、“兵争之岁”的“大指”。《明史》立《七卿年表》，可见其政治体制的大略。其二，书志详实。自《旧五代史》创立《选举志》、《新唐书》创立《仪卫志》、《兵志》以来，《辽史》又创立《营卫志》。《金史》十四志，以记典章制度为详，颇能表现金代的社会特征。《宋史》十五志，篇幅更大，约占全书总卷数的三分之一，礼 28 卷，为二十四史全部礼志的一半。《元史》各志保存了元代许多珍贵的史料，尤其是在元代“实录”、《经世大典》已经不存的情况下，更有不可低估的价值。其三，类传扩充。《新唐书》较《旧唐书》多增 6 个类传，《宋史》的类传则多至 20 余个，《道学列传》于《儒学列传》之外单列，“蛮夷”与外国也分开立传。《元史》仿《魏书·释老志》立《释老列传》，反映元代“崇尚释氏”。其四，本纪略有变革，主要是《金史》创立《世纪》、《世纪补》，并为《元史》所仿效。总而论之，《明史》在这五史中以体例严谨、牴牾较少，被誉为上品，宋、元二史最为芜杂、粗陋。

再说修史思想的伦理倾向。取鉴的减弱和讳饰的愈甚，是这五部“正史”的一个明显特点。自北宋以来，随着最高统治集团内部矛盾争斗的不断复杂化、激烈化，官修史书更多是着眼于为当权者粉饰。南宋时，对北宋的史事，已经是“各信所传，家自为说”了。再往后，便是连连的哀鸣：“实既亡而名亦随亡，独谓国可灭而史不可灭”（《进元史表》）。修史的目的，只剩下为“实既亡”的“国”保留一个虚“名”而已。伦理说教不断强化，是这五部“正史”又一基本特点。宋、明之世，理学盛行，成为判定是非的唯一标准。修撰辽、金、宋三史的总裁官，都对“宋儒道学源委深所研究”，其修史宗旨是遵循“光儒性命之说”，“崇道德而黜功利”（《进宋史表》）。因此，《宋史》“大旨以表彰道学为宗”。《元史》的修撰者甚至认为，除了儒学、理学，再没有什么思想文化了。由于理学提出“天理合一”，“天”的道德属性更加精致化，这五史中谈“天”或谈“天道”，伦理色彩越来越浓厚，与《新唐书》以前谈“天”或谈“天命”不尽相同。第三个基本特点是，这五部史书中的夷夏正统之辨越来越突出。前面已谈到修辽、金、宋三史的争议，谁为正统。明修《元史》，同样强调明朝得天下是“绍百王之正统”。清修《明史》迁延数十年，仍然是这个问题在作怪。

综上所述，自司马迁“究天人之际，通古今之变，成一家之言”，撰著《史记》，班固“宣汉之美”，断代为《汉书》，至二十四史的形成，经历了两千来年的曲折历程。唐代设馆修史，使前代史的修撰趋于制度化。北宋重新改写唐史，使前代史的修撰日益规范化。其后，这类“正史”修史思想愈益伦理化，编纂形式不断程式化。

四　汉初至唐前期史学的确立

汉唐之际，是中国史学的确立时期。这一时期，史学由于各个分支学科的逐渐兴起，在学术文化领域内取得了仅次于经学的稳固地位。史学的鉴戒功用，经过一步步的发展，达到前所未有的新高度。反思史学的发展进程，《史通》的问世宣告了这一时期的终结。

1　汉唐之际史学的成长

《史记》、《汉书》相继登上史坛，奠定了纪传体作为“正史”的最初基础。古老的编年体也毫不示弱，与新兴的纪传体竞相角逐。东汉末荀悦撰《汉纪》、东晋中袁宏撰《后汉纪》，推动了编年体史书在新的历史条件下的发展。

荀悦（148～209年），字仲豫，颍川颍阴（今河南许昌）人，东汉献帝时官至秘书监侍中，著有《申鉴》5卷。建安三年（198年），受命用编年体改《汉书》，删烦存要。五年，撰成《汉纪》30卷（篇）。荀悦在书前宣称，《汉纪》的改编有“五志”，即达道义、彰法式、通古今、著功勋、表贤能。就是说，通过记述一代政权的兴衰成败，宣扬君臣大义、行为准则，表彰维系君臣大义的功臣、贤能。在献帝都许昌、权柄移曹操的现实面前，荀悦受命作如此的改编，以西汉为正统，“极为治之体，尽君臣之义”，用意显而易见。《汉纪》改编《汉书》，采用“通比其事，例系年月”的方法，即主要史事一律按年月顺序编排，而年月不详或不宜分散的史事则连类列齐。如叙张良生平，系于沛公二年刘邦“遇张良于留”之下。又如汉武帝元光六年“张骞封博陆侯”下，附记西域诸国。这种方法，避免了《左传》的琐杂，对后来编年体史书的叙事影响很大。《左传》编年记事，记述的是一个历史阶段的史事。《汉纪》编年记事，记述的是一个朝代的史事。因此，《汉纪》与《汉书》被分别视为断代编年史、断代纪传史的代表。

袁宏（328～376 年），字彦伯，陈留阳夏（今河南太康）人，东晋大司马桓温记室，官吏部郎、东阳太守。当时，已有若干家后汉史，袁宏嫌其“烦秽杂乱”，便参取众书、博采其他史料，历时 10 年左右，编纂成《后汉纪》30 卷，起吕母聚义（公元 17 年），至曹魏代汉（220 年）。书序宣称，“史传之兴，所以通古今而笃名教”。袁宏由此出发，认为《史记》、《汉书》、《汉纪》都未能发扬“名教”，便借用“前代遗事，略举义教所归，庶以弘敷王道”。所谓“名教”，他认为“君臣父子，名教之本”，“名教大定而不乱”。

袁宏如此强调"名教"以"弘敷王道"，实则借东汉局势讽喻权倾朝野的桓温，东晋不灭，不可效法曹操。《后汉纪》的编纂，在《汉纪》"通比其事，例系年月"的基础上，发展成为"言行趣舍，各以类书"的方式，在编年叙事中往往连类记述相关的人和事，使复杂错综的史事具有一定的系统性和完整性。后来的《资治通鉴》继承并发挥了这一传统。

《汉纪》、《后汉纪》两部断代编年史出现之后，编年史的撰写形成一个热潮。记述一代兴亡的编年史，有的多达 10 几部，如晋史，且不乏名作。有关南朝宋、梁和北齐的编年史，也有见称于记载的。同时还出现了 10 多种通史性质的编年史，如西晋时皇甫谧《帝王世纪》，"起太昊帝，讫汉献帝"。鉴于编年体史书记述史事不如纪传体史书完整周详，而断代纪传史又接续不断，这些编年史后来大都渐渐亡佚。

在断代纪传史与断代编年史两种体裁的史书"角力争先"的热潮中，史学的各分支学科逐渐形成，最终使史学从经学的附庸地位中独立出来。

《汉书·艺文志》著录的是东汉以前的著述，史籍附于《六艺略》的"春秋家"，仅仅 9 部。自东汉起，史家和史书逐渐增多，修史日益受到当权者重视。东晋前后，又有"史学祭酒"主持教授历史。南朝宋文帝，建立儒、玄、文、史四学。到了唐初，从《隋书·经籍志》看，当时尚存的史书就有 817 部，还有 600 多部散佚了。这么多史书致使体裁纷呈，《隋书·经籍志》将其分为正史（纪传体）、古史（编年体）、杂史、霸史、起居注、旧事、职官、仪注、刑法、杂传（传记）、地理、谱系、簿录（目录）等13类。尽管这种分类未必规整，但它足以反映史书种类的增多，出现若干新创的类型。留传至今而较有名的，如其"霸史类"的《华阳国志》，"杂传类"的慧皎《高僧传》，"地理类"的郦道元（善长）《水经注》、法显《佛国记》、杨衒之《洛阳伽蓝记》等。透过这些传世之作，大致可以了解各类史籍在这一时期的发展状况和水平。反过来，我们从当时政权林立、门阀盛行、崇尚佛老、高谈玄理的社会状况，可以知道"霸史"、家传族谱、耆旧名士、高僧神仙等等的著述，是如何应运而生的。

史书数量的剧增，到曹魏时便不得不单独列为一部，以别于经书。东晋时，史书不仅单独列为一部，而且由经书、子书之后移到经书、子书之间，仅次于经书。不过这时不称经、史、子、集，而是编为甲、乙、丙、丁。经过南北朝的进一步发展，到隋唐之交，图书分类中的经、史、子、集四部分类法最终形成，史部仅次于经部的地位稳固地确立起来，这是史学发展的一个客观反映。对照《隋书·经籍志》史部和《汉书·艺文志》"春秋家"，是考察汉唐之际史学逐渐成长的最简捷的基本方法。

汉唐之际史学成长的第三个基本方面是，在记述中原政权的各类史书剧增的同时，各少数族政权的史学也相应取得瞩目的成绩，为此间史学发展增添了多彩的一页。

东汉以后，北方的一些少数族南迁进入中原，开始了新的一轮民族大融合。西晋以后，这些少数族陆续建立各自的政权，即旧史书上所谓“五胡十六国”。这些政权，纷纷设置史官，编修国史。甚至某些修史制度也创于北方，为南朝所无。如修史局、起居令史、起居省的设置，宰相监修国史的制度等等，都创始于北方政权。由于各族政权的重视，从《隋书·经籍志》的著录便可看出，这些政权所修国史多则数部，至少1部。至于起居注、典志、谱牒、实录等也不少。其间不乏私人修史，包括少数民族史家。

各族史书纷呈，都面临一个共同的问题，就是都为各自政权争“正统”，而指责他族政权为“蛮夷”或“僭伪”。南北朝对峙，南朝国史称北朝政权为“索虏”，北朝史书称南朝政权为“岛夷”。在众多的各族史中，也有颇具卓识的史学家，撰写出反映历史趋势的史学著述，成为集各族史大成的代表作。这便是北魏后期崔鸿所撰《十六国春秋》。

崔鸿，生卒年不详，字彦鸾，北魏东清河鄃（今山东高唐）人。孝文帝时为彭城王国左常侍，累官至给事黄门侍郎、齐州大中正。崔鸿以十六国虽各有史，但多残缺，体例不全，编录纷谬，繁略失所，宜审正异同，定为一书。于是自宣武帝景明（500～503年）间搜集资料，正始（504～508年）间开始纂辑，至孝明帝正光（520～525年）间，历时20余载，撰写成《十六国春秋》100卷，又有序例、年表各1卷。崔鸿死后，其子崔子元于孝庄帝永安（528～530年）中缮写上奏，方才公开流传。全书编纂，以晋为主，区分各国时事，以国称“录”；记各国君臣事迹，则称“传”；又有表、赞、序例，体裁完备，足以包举各家，超出以往有关十六国史事的著述。刘知几写《史通·古今正史》总结这个时期的史学，十分推崇《十六国春秋》，称之为“考核众家，辨其同异，除烦补阙，错综纲纪”，又在《表历》中赞其著表，“颇有甄明，比于《史》、《汉》群篇，其要为切者”。正因为崔鸿看到十六国“各有国书，未有统一”，才“约损烦文，补其不足”，“审正不同，定为一书”，而“书之纪纲，皆以晋为主”，反映其关注“统一”、倾向“统一”的编纂思想，较少“夷夏之辨”、“僭伪附庸”等观念，使《十六国春秋》成为一部完整的十六国国别史。自该书颁行后，“诸史并绌”。唐初官修《晋书》，“载记”部分主要就是采撷《十六国春秋》编录的。唐代以后，此书渐渐散佚。明、清两代，出现了两个辑本，并行至今。顺便提到，南朝梁末萧方等又有一部这种性质的编年史《三十国春秋》，用两晋年号编年，改变分国立史的做法，更反映倾向统一的历史趋势。于是，隋唐之际便有了李大师“编年以备南北”的修史思想。

2 鉴戒史学在唐初的发展

前面在谈到史学的起源时，已经指出自周初便明确认识到以前代成败得失为鉴戒的重要性，但这只是历史知识在政治领域的运用。春秋战国年间，百家争鸣，诸子以史论政，大都围绕“天人之际”、“古今之变”等重大历史问题展开。孔、孟的以史论政，又有不同，更多的是着眼于“劝善惩恶”，而较少总结为政得失的经验教训。所谓“孔子成《春秋》，而乱臣贼子惧”，不免夸大其辞。战国纷争，没有一个“乱臣”因为有了《春秋》的“惩劝”说教就自动放弃争雄称霸。

汉唐之际，以史为鉴才切实得到发展，并取得前所未有的成就。这一时期，取鉴于前朝为政得失，并与修史紧密结合，展示出史学的鉴戒功用，大致经历了三个阶段的变化。

汉初，总结秦的为政得失，陆贾“著秦所以失天下”，有《楚汉春秋》12 篇。该书虽已亡佚，却显示了“采取成败，刺讥国家得失”的史学趋势。贾谊的《过秦论》，是此间以史论政的名篇，系统总结了秦朝兴亡的历史经验和教训，为汉初的为政决策提供了有力的历史根据。不过这一阶段取鉴与修史还是脱节的，主要形式依然是以史论政。司马迁发愤著《史记》，着眼点不是放在为汉武帝提供历史的经验教训上。

东汉末年，荀悦比较明确地提出了修史取鉴的问题，提出“君子有三鉴”的著名论断，即所谓“鉴乎人，鉴乎前，鉴乎镜”（《申鉴·杂言上》），同时著《汉纪》记述西汉的“明主贤臣”的“规模法则，得失之轨”，用以“广视听”、“参得失”。可惜这是曹魏代汉之际的一种愿望，并没有真正为汉献帝提供出什么切实可行的历史经验。随后，陈寿《三国志》亦是想“明乎得失”，范晔《后汉书》欲“正一代得失”，也都与荀悦《汉纪》一样，修史与取鉴似乎结合了，但如何提供历史的鉴戒还没有真正解决。修史、取鉴与资治之间的联系，尚未切实地建立起来。

待到唐初，历史经受了长期的大动荡，特别是隋朝的兴与亡之后，又重新建立起了统一的集权政治格局。如何确保从“大乱”向“大治”的顺利过渡，实现“长治久安”，便提到了唐太宗君臣的面前。唐太宗提出“欲览前王之得失，为在身之龟镜”，魏徵等围绕“务乎政术”以求“治要”的宗旨，通过“取鉴于亡国”的形式，总结历代亡国之君，尤其是隋朝亡国的教训，使贞观初年确定的治国决策切实可行并取得显著成效。魏徵在主持修撰《隋书》告成之后，向唐太宗提出：“鉴国之安危，必取鉴于亡国。……臣愿当今之动静，必思隋氏以为殷鉴，则存亡治乱，可得而知。若思其所以危，则安矣；思其所以乱，则治矣；思其所以亡，则存矣。”（《贞观政要》卷8《刑法》）从前一个朝代的危、乱、亡中，求得本朝的安、治、存，修史、取鉴与资治三者实实在在地融为一体了，史学的鉴戒功用才真正得到最充分的发挥。

唐初修史取鉴，有两个十分突出的特点，使得鉴戒史学达到了一个新的高峰。

第一，唐太宗下诏修史，不是对别人进行历史说教，而是“为在身之龟镜”。魏徵等主持修史，也是用以规谏唐太宗的“动静”。这时的官修史书，主要是写给皇帝看，告诫皇帝自身的，不像后来的官修史，主要是写给臣民看，教训臣民的，因此实际效应也大相径庭。正因为唐太宗君臣能够切实以前代帝王为政得失作为自身行动的鉴戒，才会制定出一整套行之有效的施政方略，促成“贞观之治”的实现。

第二，贞观君臣在为自身寻找鉴戒时，并不专主一家之言，而是强调“兼通众意”的“取鉴乎哲人”。自汉武帝“罢黜百家，独尊儒术”，《史记》的“论大道则先黄老而后六经”与《汉书》的“综其行事，旁贯五经”便成为史学领域中两种思想倾向的代表。宋代以后，官修史书大都“以表彰道学为宗，余事皆不甚措意”。（《四库全书总目》卷46）贞观五年（631年），在设馆修史不久，唐太宗又命魏徵主持汇辑《群书治要》，以“网罗治体”。魏徵在书序中提出：“不察貌乎止水，将取鉴乎哲人。”对于“有关乎政术”的各种“哲人”学说，贞观君臣也表现出与唐代前后都不尽相同的态度，形成一个新的较为完整的认识。他们认为，作为“圣人之教”的儒学是“有所偏”的，其他各家学说虽然“所施各异”，却也不失为“圣人之政”，“若使总而不遗，折之中道，亦可以兴化致治者也。”（《隋书·经籍志三》）向历代哲人取鉴，重视“兼通众意”而不独尊儒术，显然也是以“在身”的言行为归宿，并不刻意于对臣民进行说教。

这两个方面的特点，使贞观年间的“览前王之得失”着重在文景之得、秦隋之失上，形成一些颇具进步意义的难得的历史观。一是注重人事，力避天道作祟之说。而于人事，又着眼于亡国之君祸乱灭国的根源。如唐太宗读北齐史，注意“人君赋敛不已，百姓既弊，其君亦亡”。（《贞观政要》卷8《辨兴亡》）又如魏徵总结炀帝亡隋，告诫唐太宗：“一人失其道，故亿兆罹其毒。”（《隋书》卷83“史臣曰”）总之，从皇帝的作为中为自己总结值得鉴戒的东西，不怨天尤人，这是极为难能可贵的。二是强调克己寡欲，“先正自身”的君道史观。贞观初，唐太宗在谈“为君之道，必须先存百姓”之时，强调“若安天下，必须先正其身，未有身正而影曲，上治而下乱者。”（《贞观政要》卷1《君道》）到了晚年，唐太宗又亲撰《金镜》一书，强调“苦民之君也，非治民之主也”，“屈一身之欲，乐四海之民，爱国之主也，乐民之君也。”这种“正其身”以“存百姓”，“屈一身之欲，乐四海之民”的君道史观，注意的是君民之间相互依存的一面，旨在缩小君民之间的对立关系，更是历代帝王中少有的卓识。

唐初修八史，在数量上占二十四史的三分之一，在历史观念上有历代君王难以达到的卓识，在发挥史学的鉴戒功用上又取得了空前的社会效应。这是史学，鉴戒史学最为辉煌的一个时期。

3 《史通》：史学的反思

随着汉唐之际史学的成长与发展，对于史学的反思也应运而生。班彪《前史略论》论述到古代史官和史籍，涉及《左传》、《国语》、《世本》、《战国策》、《楚汉春秋》等，着重评论司马迁与《史记》。班固《汉书·司马迁传》的赞语，基本上沿袭了《前史略论》的观点和语言。

南朝至唐初，反思史学的名篇有二：一是《文心雕龙·史传篇》，二是《隋书·经籍志二》史部各序。前者对古来的史官、史书，以及修史的目的、态度，有比较简要而全面的反思。后者通过史部分类，叙其源流，比较系统地总结了此前史学的起源与发展。

当唐初八史以其历史观念和编纂成就展示出史学地位的确立之后，对此前史学的成长及发展作出全面系统的理论总结便提到日程上来了。肩负起这一历史使命的，便是唐中宗时开始私撰《史通》的刘知几。

刘知几（661～721年），字子玄，彭城（今江苏徐州）人。20岁举进士，授获嘉县主簿，潜心经史诸子及杂记小书，“凡有异同，蓄诸方寸”。武则天临朝，下制九品以上各言时政得失。刘知几上表陈四事，言词直切。又著《思慎赋》，既以刺时，又求自全。圣历二年（699年），始至京师历右补阙、定王府仓曹参军，预修《三教珠英》。自长安二年（702年），迁著作佐郎，兼修国史，又迁左史，与吴兢等修《唐史》。中宗神龙元年（705年），授著作郎、太子中允、率更令，兼修国史如故，又与吴兢等重修《则天实录》，并在史馆开始私撰《史通》。景龙四年（710年），撰成《史通》20卷，由秘书少监累迁太子左庶子，兼崇文馆学士。玄宗即位后，预修《姓族系录》，迁左散骑常侍，继续修订《史通》。开元四年（716年），与吴兢等撰成《则天实录》、《中宗实录》、《睿宗实录》，受封居巢县子。除了零星保留至今的单篇文字外，《史通》是刘知几史学生涯的结晶。

《史通》20卷，分内、外篇。内篇10卷36篇，外篇10卷13篇。其书虽然是刘知几“载削余暇，商榷史篇，下笔不休，遂盈筐箧”，断断续续，随感随写，但最终是经过“区分类聚，编而次之”才成书的。（《史通·序录》）

内篇36篇，是对唐代以前史学的总体估价和基本总结，不重一书、一人的是非得失，因而有某书、某人在此为是，在彼又为非的地方。外篇13篇，逐渐转为具体问题的论述。就全书而言，内篇之首《六家》为总纲，由“六家”归结为“二体”。唐初纪传体断代史取得“独尊”的地位，内篇即以纪传体断代史为主要论述对象，全面总结“正史”的形成与成长，编纂体例的短与长，外篇以专篇分论《尚书》、《春秋》、《左传》等“三家”的得失。《国语》作为国别史，秦汉以后仅有十六国割据，故未立专篇，只在《古今正史》中叙说。过去曾有《史通》“先有外篇，乃撷其精华以成内篇”的说法。其实这完全忽略了《史通》是经过“区分类聚，编而次之”的一部体系严整的论著。

贵实录与扬名教，是贯穿《史通》全书的两项基本思想。书中出现“实”字170余处，在“求实”意义上使用“实录”一词不下30处。此外，还有“审实”、“摭实”等用语，以及内容相当的表述，如

"董、史之直"等。"良史以实录直书为贵"，成为《史通》书中的一句名言。另一方面，书中又强调：史官之责，能申藻镜，别流品，则"惩恶劝善，永肃将来；激浊扬清，郁为不朽"。(《品藻》)两者相互依存和彼此制约，构成《史通》完整的思想体系。欲"扬名教"，首先得在一定限度内"求实录"，倘若"事皆阙如，何以申其褒奖?"反过来，"贵实录"又不可以无所顾忌地追求完完全全的真实，只能够在"名教"允许的范围内去直笔写实。甚至为维护"名教"，不惜牺牲历史的真实，即所谓"史氏有事涉君亲，必言多隐讳。虽直道不足，而名教存焉。"(《曲笔》)

在"贵实录"与"扬名教"的依存制约中，书中关于"理"的运用和含义也颇值得读者注意和探究。据粗略统计，"理"字出现有130来次，大多指事物本质和普遍法则，也有指常识或道理的，表明刘知几所具有的理性意识，有待深入考察。

《史通》的主要成就和贡献大体可以归纳为如下几点。其一，系统总结了中唐以前的史书体例，使纪传体断代史的编纂日趋规范化、程式化。《六家》、《二体》、《杂述》等三篇，尽述中唐以前"史之流品"及其演变。《本纪》、《世家》、《列传》、《表历》、《书志》、《论赞》等篇，专题讨论纪传体各主要组成部分及其相互间的关系。其二，系统考察了中唐以前的史官制度和史书编纂的演进，奠定了史学史的最初基础。《史官建置》、《古今正史》、《杂述》三篇，互相呼应，成为中唐以前的史学发展简史。其三，刘知几提出史家修养的标准，即所谓“史才须有三长，谓才也、学也、识也。”书中虽然没有专篇论述“史才三长”，但在许多篇章中都有程度不一的反映。三者之中，以史识最难得，史才次之，史学再次之。其四，书中所论修史的具体方法和要求，进一步完善着史书的编纂体例。《序例》、《题目》、《断限》、《编次》、《称谓》、《采撰》、《载文》、《补注》、《言语》、《浮词》、《叙事》、《模拟》、《书事》、《人物》、《烦省》、《点烦》、《暗惑》等篇，从体裁的选择、题目的确定、时间的断限、编纂的布局，直至史事的去取、人物的品评、文字的叙述、语言的运用，以及史料的范围、鉴别、采集等，无不在论述之列。其中许多内容都涉及史才、史学的问题。《直书》、《曲笔》等篇，不仅将二者视为两种对立的史法，还认为是两种对立的史德。要做到“直书”，避免“曲笔”，必须有“兼善”和“忘私”的态度，善于兼取诸家之长，不蔽于个人的好恶，即其所说，要“爱而知其丑，憎而知其善”。（《惑经》）其五，《史通》问世，使史学评论成为史部的一门独立分支学科。前面已经提到，唐代以前虽有反思史学之作，不论班彪《前史略论》，还是《文心雕龙·史传篇》、《隋书·经籍志二》的序文，都不是单独评述史学的专著，不过是附于其他著述中的单篇文字。《史通》以上述单篇文字为基础，著成第一部系统反思中唐以前史学成长的专书。此后，在图书分类中又新增一个类目，先是在集部增立“文史类”著录评论文、史的专著，南宋开始在史部增立“史评类”著录以《史通》为首的评史论史专著，并被后世所沿袭。

系统总结自身的发展，表明史学进入自觉阶段，标志其确立时期的终结，即将开始新的发展历程。

五《通典》与“三通”系列

自中唐至元初，史坛上出现了《通典》、《通志》和《文献通考》三部巨著，后人合称为“三通”。继“三通”之后，又有官修的“续三通”、“清三通”成于清乾隆年间。与“三通”并行，按朝代编纂的会要、会典也接续不断。纵贯古今和断代为书，这两个方面的著述又构成中国史学的一个全新的系列，成为我国史学在巩固地确立起来之后取得重大发展的重要标志之一。

1 《通典》及其展示的趋势

《通典》200卷，杜佑撰。杜佑（735～812年），字君卿，唐京兆万年（今陕西长安）人。累世官宦，以门荫入仕，为地方僚佐。后为淮西节度使韦元甫辟为从事，深受委信，累官至检校主客员外郎。约在此时，即代宗大历三年至六年（768～771年），《通典》一书“累年而成，自为序引，各冠篇首”。（李翰《通典序》）德宗即位后，入朝累迁户部侍郎、判度支。贞元十六年（800 年），加同平章事，以淮南节度使兼徐泗节度使。杜佑“虽位极将相，手不释卷”，“性嗜学，该涉古今”。经过反复修改、补充，终于贞元十七年撰成《通典》，自淮南遣使至朝堂献上。十九年，入朝拜检校司空、同平章事，又由《通典》摘要而成《理道要诀》10 卷奏上。

《通典》200 卷，依次分为食货、选举、职官、礼、乐、兵、刑、州郡、边防等九个门类，自上古写到唐玄宗天宝末年。每个门类之中，又细分子目，以类相从，举其始末，记其沿革，并引录前人有关评论。杜佑又以说、议、评、论等方式，提出自己的见解和主张。通过这一新的编排结构，使得“览之者庶知篇第之旨”，即“教化之本，在乎足衣食”，行教化在乎设职官，审官才在乎精选举，制礼以端其俗，立乐以和其心，然后用刑、罚，而列州郡是为了分区管理，置边防是为了防御边患。这是一个新的逻辑结构，从经济基础到上层建筑，从选举到设官，从文教到暴力，从中央到地方，从华夏到边族，突破了上千年来《周礼》“六官所职”或“正史”君臣、华夷等级之分的传统认识，第一次按照事物“本身的规律”勾画出当时社会各个主要部门的作用及其联系，完整地反映了社会的基本面貌，成为历史编纂学上的一大创举。

关于《通典》的产生，历来有不同的认识。以王鸣盛为代表，认为《通典》以刘秩《政典》为“蓝本”，成书极易。其实，刘秩《政典》是“取《周礼》六官所职”以认识社会的。而杜佑变“六官所职”为

“九门沿革”，正是对认识社会结构的观念的一个突破。以梁启超为代表的一派认为《通典》是适应“统括史志之必要”而成为一种创作。“成一创作”是实，但未必是“统括史志”。中唐以前的历代史志中，律、历、天文、五行等，都不反映社会结构，《通典》一概不取。而历代史志所无的选举、兵、边防，杜佑视其为社会结构的重要方面，因而将其与食货、职官等并列。选举、兵，独立为门类，是《通典》首创，日后才为各史志所仿效。

《通典》探讨礼法刑政，旨趣并不在“古今制度沿革”本身，也不以帝王个人作为的一得一失为规谏对象，而是要透过“治政得失”的关键——体制的古今变化来探寻带有规律性的施政之道，即其所谓的有别于“多主规谏而略于体要”的“空言”，要“颇探政理，窃究始终”。(《玉海》卷51《典故类》引《理道要诀》自序）这种把“探政理”与反映体制变化的社会结构的演变紧密联系在一起的做法，将古代的史学功用又推进了一大步，开出以史经世的先河。鉴戒史学虽然触及到掌握“治道”决策的首脑人物，但毕竟是以帝王个人的作为为主要对象，并未真正抓住“探政理”的关键——体制。杜佑却从反映体制的社会结构的变革中去“探政理”，显然要比只看重帝王个人作为要深刻得多。史学的鉴戒功用大都表现在新政权建立之初，为确保其“长治久安”而引前代亡国为戒。杜佑是在唐政权由盛转衰之际，从现存体制中寻找施政救弊之道。因此，为《通典》作序的李翰指出，其书“警学者之群迷”处，正是“以为君子致用在乎经邦”。权德舆在为杜佑写的墓志铭中，也称《通典》“错综古今，经代（世）立言之旨备焉。”需要指出的是，在旧体制未变革的前提下，这种以史经世的主张和史学实践，对于社会变革只能是一种愿望。正因为此，经世史学往往不如鉴戒史学能够收到实际效果。《通典》的旨趣长期不能被认识，以致出现歧义，其原因也在于此。

《通典》用一半的篇卷来记述礼仪沿革，固然有“且用准绳”，强化封建等级制度的一面，但也有通过礼仪沿革反映古代社会基本面貌的一面，而且是其更重要的一面。书中《礼》100 卷，分为历代沿革 65 卷、开元礼 35 卷。以历代沿革 65 卷所记考察，除开《食货》所涉吃饭问题，人类生活的基本内容——衣着（冠服）、婚嫁、宗族、丧葬等，占 45 卷。关于婚嫁制度，主要在“嘉礼”中记述，涉及婚姻礼仪起源、演变、年龄、禁忌等婚姻史的重要内容。由婚姻而形成的五宗、九族和亲族服制，都是反映古代社会关系的极重要的方面。透过“嘉礼”、“凶礼”中的大量记述，不难揭示“亲属制度”如何制约当时的人际关系。丧礼和祭礼，既反映人们的鬼魂崇拜观念，又贯穿在现实的社会关系中。从杜佑有选择的记述，既清楚地看到古代厚葬与薄葬的演变之迹，又表明他本人反对厚葬的立场。书中有 5 卷记述冠服，实际上是有关帽子、头巾与服饰的一部简史。“大享明堂”条，集录了中唐以前宫室建筑的基本素材，反映着古代建筑的某些特点和达到的最高水平。《礼》中还有“大学”、“诸侯立学”等条叙述古代的教育制度，“享司寒”条记载古代藏冰、用冰的情况。总之，通过礼仪沿革，比较系统地反映出中唐以前的婚姻状况、家庭结构、宗法关系、社会生活、文化生活，认识古代社会的基本面貌及其演变过程，自《通典》始。

《通典》记述礼仪沿革，与“滞儒”即头脑僵化的书呆子“空事钻研”不同，主张“从宜之旨，便俗适时”的有用内容。这与杜佑批评儒家经典多是“空言”、历代著论缺少“匡拯之方”的认识，完全一致。书中反复强调“古今之异制”，再三批驳那种“非今是古”的“人之常情”，极力主张“酌古之要，通今之宜，既弊而思变，乃泽流无竭。”（卷12“议曰”）在“嘉礼三”有一则“议曰”，可视为总结：“详观三代制度，或沿或革不同，皆贵适时，并无虚事，岂今百王之末，毕循往古之仪。”（卷58）通观《礼》100卷的基本内容和杜佑的上述认识，可以说《通典》记述礼仪沿革是其认识中唐以前社会变革的必不可少的重要组成部分。

《通典》在中国社会发生变革的重要时刻，不拘于处“独尊”地位的儒家伦理说教和为官府垄断的纪传体“正史”，以其颇具新特色的思想内容和编纂体例，适应着政治、经济巨大变革的需求，较为正确地回答了社会深刻变化中提出的问题。这与司马迁在社会大变动之后认识“古今之变”、“稽其成败兴坏之理”有着明显的承继关系和相通之处。但这是在变革中认识

“变”，较司马迁在变革之后认识“变”更加难得。杜佑在同一社会制度自身正在发生变化之时，把着眼点放在了为政的关键——体制的变化上，为史学的发展辟出了一条新的途径，宣告我国的史学进入到一个重要的发展时期。

《通志》与《文献通考》

《通典》问世之后，虽然深明其旨趣者“甚稀”，但续作者也不断出现。200 年后，北宋真宗咸平四年（1101 年），宋白奉诏撰成《续通典》200 卷，起唐肃宗初，至五代后周末。又过了 100 多年，南宋理宗在位（1225～1264 年）期间，魏了翁再仿其书草成《国朝通典》200 卷，并指出人们“以类书目之”，是对其旨趣“习焉不察”。这两部著述，后来因为《文献通考》出而渐渐失传。

在《通典》之后整整 360 年，出现了一部深层思想相通、编纂体例互异的 200 卷巨著——《通志》。

《通志》的作者郑樵（1104～1162 年），字渔仲，宋兴化军莆田（今属福建省）人。少年立志“欲通百家之学”，16 岁父丧回籍，在家乡的夹漈山麓潜心研读和著述。经过整 30 年的辛勤耕耘，从已写成的数百卷著述中选出 140 卷，徒步至南宋京城献书，得到高宗嘉纳。随后，郑樵继续在夹漈山草堂著述和讲学，被称为“夹漈先生”。六、七年后，郑樵献上《修史大例》，准备编纂一部“可为历代有国家者之纪纲规模”

的通史。高宗授以官职，并许给笔札使其在家继续纂修。绍兴三十一年（1161年）冬，全书脱稿，名以《通志》，郑樵再至京师献书，被授以枢密院编修官。郑樵毕生著述多达80余种，现存《通志》、《夹漈遗稿》、《尔雅注》、《诗辨妄》以及一些零散遗文。

《通志》是一部纪传体的通史，起于上古，迄于隋末。体例仿效《史记》而有所创新，帝纪18卷、后妃2卷、年谱4卷、略52卷、列传（包括世家、载记）124卷。略分20类，故称“二十略”，有因有革，内容则“引而至唐”。二十略的类目及卷数是：氏族6卷、六书5卷、七音2卷、天文2卷、地里1卷、都邑1卷、礼4卷、谥1卷、器服2卷、乐2卷、职官7卷、选举2卷、刑法1卷、食货2卷、艺文8卷、校雠1卷、图谱1卷、金石1卷、灾祥1卷、昆虫草木2卷。其中，沿袭前史者，取舍《通典》及各相关史志而成。《艺文略》是宋代以前（包括宋初）的图书总目，突破传统的四部分类法，建起新的三级分类体系，即12类82家442小类，共著录图书11384部。六书、七音、校雠、图谱、金石、昆虫草木等“六略”，在其之前尚无独立为类目者。校雠被郑樵称为“讨论之学”，目的在于分清图书流别，辨明学术源委。氏族、谥“二略”虽不为史志所有，却是因袭的《唐会要》。都邑，则是《新唐书·地理志》记述都邑的发展。昆虫草木，属于博物的范围，为前史所不曾见。

贯穿《通志》全书的，有这样三个基本思想。其一，会通思想，即其《总序》所说，“总诗、书、礼、乐而会于一手，然后能同天下之文；贯二帝三王而通为一家，然后能极古今之变。”如果说这是以历史编纂而言，那么“天下之理，不可以不会；古今之道，不可以不通，会通之义大矣哉。”（《上宰相书》）则足以见是要“会理通道”，把历史作为一个完整的过程来认识，从中探寻“古今之变”的“道理”。这与《通典》的“酌古通今，探寻政理”的旨趣，显然都是顺应中唐以下“主通明变”思潮的需要。其二，全书的“会通”之旨与“二十略”的内容，表明郑樵不断扩大历史视野，注意社会变革，试图从中探索治乱盛衰的原因。其三，强调实学，反对任情褒贬。郑樵在书中一再批评辞章义理之学“非为实学”，以致学术“日益陵夷”，还指斥《春秋》“寓褒贬”的说法是“欺人之学”。这些与《通典》所展示的史学趋势一致。

《通志》作为纪传体通史，有其“自成一家言”的可贵之处。尤其在改造史志方面，拓展了史书记事的范围，注意社会结构的变革，更有其“独见别裁”。正因为《通志》中最有价值的部分在“二十略”，所以历来将《通志》与《通典》、《文献通考》并称“三通”，这里也就将“三通”放在一起叙述。

在《通典》问世520余年之后，《通志》献书160多年之后，《文献通考》刊刻完成，是为“三通”。

《文献通考》348卷，马端临撰。马端临（1254～1324后数年），字贵与，饶州乐平（今属江西省）人。父廷鸾，南宋度宗时为右相兼枢密使，因与贾似道不合而去官。咸淳九年（1273年），马端临漕试第一，以荫补承事郎。南宋亡，隐居不仕。元世祖至元二十六年（1289 年）前后，父卒，承遗志始撰该书。“用心二十余年，著为成书”。元仁宗延祐五年（1318年），弘文辅粹德真人王寿衍巡访至饶州乐平，见其书“于治道有关者，井井有条”，便“缮写成帙”，装订成册，于第二年上奏朝廷。英宗至治二年（1322 年）刊印，马端临带原稿亲自校勘。泰定帝元年（1324年），全书刊刻完成。其后，马端临才不在人世的。

当时，马端临面对着三种主要史书形式，一是代代相续的纪传体“正史”，二是以《资治通鉴》为代表的编年体系列，三是《通典》与唐、五代、宋等朝“会要”。而纪传体“正史”是“断代为史，无会通因仍之道”；编年体《资治通鉴》却是“详于理乱兴衰，而略于典章经制”；《通典》推寻“历代因革之故，粲然可考”，但有“节目之间，未为明备，而去取之际，颇欠精审”的“遗憾”。（《文献通考自序》）经过比较，马端临决定选择《通典》这一历史编纂学上具有创新意义的体例，“融会错综，原始要终”，推寻社会的“变通张弛之‘故’”。

《文献通考》在编纂上，分《通典》的食货为田赋、钱币、户口、职役、征榷、市籴、土贡、国用等 8 个门类，将其选举分为选举、学校 2 类，以其礼为郊社、宗庙、王礼 3 类，新增经籍、帝系、封建、象纬、物异 5 类，改州郡为舆地、边防为四裔，职官、乐、兵、刑 4 类仍依《通典》，总计为 24 个门类。其中，帝系、封建 2 类，是直接承继《唐会要》。经籍、象纬、物异3类，是因史志中经籍、天文、灾异等而分其类的。24个门类的记事，起于上古，止于南宋宁宗末。书中叙事本之经史，参以历代会要及百家传记之书者，谓之“文”。其论事，先取当时臣僚奏议，再及历代诸儒评论，谓之“献”。马端临“己意”，则标以“按”字，以辨诸史之可疑处，用论先儒之未当，即所谓“考”。其“文”、“献”、“考”，贯通因仍，使各门类及其中各部分的三者构成一个整体，因而名其书为《文献通考》。每一门类，依时代先后叙事，前有小序详其著述之成规，考订之新意。具体排印，叙事之文顶格，补充叙事则低一格，诸儒评论及其“按”语再低一格。其间夹有小注。评论中，凡引“先公曰”，即其父马廷鸾之说。其“文”，一是网罗，二是考订。网罗主要体现在补充前史之缺上，如《史记》的“世家”只记载了春秋十二诸侯和战国七雄，其他一些小国则无专篇记述，马端临采摭各国史事“可考者，仿世家之体例”，在“封建”这一门类中补写了70余篇，以叙春秋列国“传授本末事迹”。考订主要是存信去疑，如《资治通鉴》记唐玄宗天宝六载选举，以李林甫的干扰“遂无一人及第”，马端临则用《唐登科记》“是年进士二十三人”等有关记载证明司马光的上述说法不可信。其“献”，主要是选录评论是非得失允当、可取者，也有些考订典故的内容。其“考”，即按语，加上各门类小序及全书自序，贯穿古今，展示出马端临对历史进程的全面总结。

《文献通考》所分24个门类，囊括了中古社会的各个方面，在横剖面上勾画出当时社会的基本结构和基本风貌。马端临以其“会通”的思想，将中古以前的社会发展分成三个阶段。太古阶段，自伏羲至尧舜。夏商周三代，又为一个阶段。这两个阶段，是“公天下之心”的阶段。秦以后与秦以前，社会的根本区别就在于有无“公天下之心”。社会的变化，受“势”的支配。“势”是一种必然，著此书就是要求得这种必然，即其所说推寻“变通张弛之‘故’”。《通典》中，杜佑也曾提出社会变化的决定因素在“事理”、“形势”，并注意到“人事”、“事理”与“形势”的相互关系。在这里，马端临更进一步指出，造成“势”者，有两大因素。一是“心”，即有无“公天下之心”的“心”；二是“利”，即各主要社会集团的利益，它制约着典制、政策的制定。《通典》经邦立言，认为“欲行古道，势莫能遵”，主张“随时立制，遇事通变”。《文献通考》同样以稽古经邦为旨，强调“知时适变，反古灾难”。

总之，“三通”在如何救弊拯危，适应社会变革方面，以其思想内容和编纂体例的新特点，开出一条与已经规范化、程式化的“正史”所不同的新途径，将我国的史学推进到一个新的发展时期。这一途径，是以“杜氏开其源，马氏竟其委”的。（《樊谢山房文集》卷7）

3 会要、会典的编纂

《通典》编纂成书的同时，记录一个朝代“沿革损益之制”的史书形式——“会要”，也已酝酿成熟，逐渐形成与“三通”系列相辅而行的一个辅助系列。

唐德宗贞元十九年（803 年），苏冕兄弟二人“缵国朝故事”，撰《会要》40 卷，记述唐高祖至唐德宗九朝“沿革损益之制”，是为“会要”这种史书形式之始。半个世纪后，唐宣宗大中七年（853 年），宰相崔铉为监修，主持纂集唐德宗以下至唐宣宗的典制故实，撰成《续会要》40 卷。五代后周世宗显德五年（958 年），窦俨奉命编纂《大周通礼》，奏请“依唐《会要》门类，上自五帝，讫于圣朝，悉命编次。”（《玉海》卷 69《礼仪》）在这样的背景下，宰相王溥取苏冕《会要》和崔铉《续会要》，重加厘订，又采集唐宣宗以下史事，编成 100 卷，于北宋太祖建隆二年（961 年）正月献上。当时因苏冕、崔铉所撰正、续《会要》尚存，故称王溥所撰为《新编唐会要》。元、明时期，苏冕、崔铉两书亡佚，王溥所撰也出现缺卷和错杂。清朝乾隆年间，搜访遗书，重加整理，成为《唐会要》的通行本。全书共分 540 多目，大体含帝系、礼、宫殿、舆服、乐、学校、刑、历象、封建、佛道、官制、食货、四裔等基本方面。记述各类沿革损制之制的同时，也兼载事迹。细琐典故不能立目者，则别为“杂录”或“杂记”，附于相关各目之后。其可宝贵处在于，它实际保存了苏冕、崔铉二书的原始素材，成为研治玄宗以后唐代典故的最早史籍。《唐会要》100 卷之外，王溥还编纂《五代会要》30 卷，分 370 多目，体例与《唐会要》大致相同，是考察五代时期典故的最早史籍。两部“会要”的首创之功不可没，但所反映出的史识却远逊于《通典》。

自宋代起，“会要”这种形式的史书便由私修转为官修。北宋在设置各类修史机构的同时，专门设置了会要所，隶属秘书省，负责修撰“会要”。对此，由宋入元的学者王应麟有一番解释：“国有大典，朝有大疑，于是稽以为决，操以为验，使损益废置之序，离合因革之原，不得广询博考，一开卷而尽见，此‘会要’之书所以不可废也。”（《玉海》卷51《典故》）整个宋朝（北宋、南宋）十修“会要”，总计在2000卷以上，止于宁宗。南宋理宗端平三年（1236年），李心传取官修“会要”，编成《国朝会要总类》（又名《十三朝会要》）588卷。除李心传所纂，其余均无刻本。元朝官修《宋史》各志，多本于宋修“会要”。明朝宣德年间宫火之后，宋朝官修“会要”只能在《永乐大典》中寻其遗文了。清朝嘉庆十四年（1809年），徐松将《永乐大典》中所存录的宋朝各次所修“会要”全部辑出，后经辗转整理成《宋会要辑稿》200册，分为17类：帝系、后妃、乐、礼、舆服、仪制、瑞异、运历、崇儒、职官、选举、食货、刑法、兵、方域、蕃夷、道释。每类之下，又有若干子目。《宋会要辑稿》虽然在抄辑过程中次序有移动，又多错字，但毕竟最为原始，绝大多数内容又为《宋史》各志所缺，具有极高的史料价值。

元、明所修这类断代史书，或名典章，或称会典，体例有所变化。其体例大要，以六部为纲，叙其职掌及历年事例，类似《唐六典》。

元英宗时，纂集《元典章》60卷，收录自元世祖即位至元英宗即位各项敕旨条令和有关案例。又附新集，续至至治二年（1322年）。书分10类：诏令、圣政、朝纲、台纲、吏部、户部、礼部、兵部、刑部、工部。每类之下，又分列子目，共计370多目。其书编次虽然杂乱，但内容“多为《元史》所未备者”。文宗时，修成《经世大典》880卷、目录12卷、公牍1卷、纂修通议1卷。书分10类：君事4类（帝号、帝训、帝制、帝系），臣事6类（治典、赋典、礼典、政典、宪典、工典）。臣事六典之下，又分细目。明初官修《元史》各志，多取此书，其后散佚不传。

明朝官府先后多次组织纂修，弘治年间始修，嘉靖年间续修，至万历年间重修成《明会典》228卷，“辑累朝之法令，定一代之章程”，于诸司职掌、各种法令之外，又附以历年有关条例30卷，具有律令的性质。纂修之前，诸司需将历年题准现行的事例分类编集，经校勘明白，送入史馆，以备采录。采录“事例”入“会要”自元朝始，经明至清更加发展。自采录“事例”以来，就不再称“会要”，而改称“会典”了。这一变动反映专制集权统治的加强，更多地集中于帝训、帝制等政令以及事例的记载，相关事迹、沿革不记或少记。于是，“会典”渐渐变成官府的文件汇编了。

清朝官修“会典”，“以官统事，以事隶官”，把各有关制度分系于相关衙门之下。《康熙会典》162

卷，《雍正会典》250 卷。自《乾隆会典》起，将典则、事例分开，会典 100 卷、则例 180 卷，大致是“典为经，例为纬”。《嘉庆会典》会典 80 卷、事例 920 卷，又编入礼部的仪式、祭器、卤簿，户部的舆图，钦天监的天体图，名以“会典图”，共 132 卷。《光绪会典》会典 100 卷、事例 1220 卷、图 270 卷。这些典籍，都有满、汉两种文本，纯属官府文件汇编。

“会要”将各朝各代“沿革损益之制”分类编排，自宋出现新的趋势，当代会要、会典为官府垄断，前代会要、会典为私人纂修。这种格局，至清未变。

第一个编录古代“会要”的是南宋徐天麟。宁宗嘉定四年（1211 年），徐天麟取材《汉书》，每条均注出处，编录成《西汉会要》70 卷。理宗宝庆二年（1226 年），又完成《东汉会要》40 卷，取材范围大大超出《后汉书》，特别增详了食货、兵、刑、学校、选举等《后汉书》志所未备的内容。至于清朝，仿效徐天麟而纂录古代“会要”者，差不多补齐了《唐会要》以前各朝各代的“会要”之书，依次为：姚彦渠《春秋会要》4 卷；孙楷《秦会要》26 卷，后有徐复为《秦会要订补》，亦 26 卷；杨晨《三国会要》22 卷；汪兆庸《晋会要》60 卷（未刊）；朱铭盘《晋会要》及南朝《宋会要》、《齐会要》、《梁会要》、《陈会要》（未分卷）；龙文彬《明会要》80 卷。此外，明董说《七国考》14 卷，实为战国七雄“会要”。这些编录虽然史料价值不高，却可以成为检索历代典制的工具。

“三通”的续修

《文献通考》刊行不到300年，明神宗万历年间，王圻又私撰《续文献通考》254卷，起南宋宁宗嘉定末（1224年），迄明神宗万历三十年（1602年）。据王圻自序，其书“既辑辽、金、元暨国朝典故以续其后”，又仿效《通志》“增节义、书院、氏族、六书、谥法、道统、方外诸考以补其遗。”这是一部欲兼取《文献通考》与《通志》之长的著述，结果于“典章经制”之外又收及人物，而且分条标目琐杂，如分“列女”为忠妇、孝妇、节妇、烈妇，分“孝义”为顺孙、义夫、义女、义徒、义母、义妾、义仆等。虽然体例混乱，但其汇辑南宋后期至明朝中期的“典章经制”于一书，既便于检索，又具有很高的史料价值。不过，王圻的续作已主要是形式上的仿效，而少思想新意的继承。

及至清代，“三通”这种颇富新意的史书被官府将其形式接了过去，充分加以利用，出现了官修“续三通”、“清三通”，而其适应社会变革、主通明变的精神实质却被抛弃。这正像司马迁创意《史记》，形式被历代官府加以利用，而精神实质却遭阉割一样。

清朝乾隆年间，开始大行“寓禁于修”。乾隆十二年（1747年），以张廷玉为总裁、齐召南等为纂修，设馆修《续文献通考》，依马端临之例，分24个门类。乾隆帝以体例不当，应于“宗庙”之外别立“群庙”。

史臣得旨，当即照办，并将此事写进《凡例》，表示“恪遵训示”。由此又“推广义例”，于“郊社”之外另立“群祀”这一门类。于是，《续文献通考》便增为26个门类，起南宋宁宗，至明朝末年，共计250卷，成于乾隆三十二年（1767年）。随即设“三通”馆，依《通典》、《通志》之例，修《续通典》、《续通志》。《续通典》150卷，起唐肃宗，迄明崇祯，成于乾隆四十八年（1783年）。《续通志》640卷，内容与郑樵《通志》衔接，叙至明末，成于乾隆五十年（1785年）。乾隆年间所修《续文献通考》250卷、《续通典》150卷、《续通志》640卷，统称“续三通”。

在续修“三通”的同时，乾隆三十二年（1767年）又敕命修撰“清三通”，当时分别名为《皇朝文献通考》、《皇朝通典》、《皇朝通志》，清亡后则改“皇朝”为“清朝”。《清朝文献通考》300卷，体例依《续文献通考》，内容略有增减。新增类目，如八旗田制、银色银直及回部普儿、八旗壮丁、外藩、八旗官学、崇奉圣容之礼、蒙古王公等，均为清朝独有的制度。所减类目，如均输、和买、和籴、童子科、车战等，则是清朝所无之制。《清朝通典》100卷，体例依《续通典》，唯减清制所无的类目，如榷酤、算缗、封禅等。《清朝通志》126卷，因纪、传、年谱等皆存于“实录”、“国史”之中，故仅撰其“二十略”，于原类目有所删汰、省并、增补。以上三书，统称“清三通”，记清初至乾隆五十年间典制，偶有乾隆五十一年之事。

“三通”性质相近，内容已有重复。清朝官府组织续修，本应扬长避短。既修《续文献通考》，又进而为续“三通”，再续以“清三通”。如此续修，非但重复，更失“会通”之意，只因是官修，使人另眼看待。于是自《通典》始，有“三通”之说；自“三通”之后，又有“续三通”、“清三通”，统称之为“九通”，成为中国古代史书中专记社会结构和典章经制的一个大系列。

由“三通”而“九通”，渐渐丧失初创时的思想特色，只是承继其编纂形式——外壳，后世人们的目光也转而史料价值和检索方便方面了。

六　《资治通鉴》与《通鉴》流派

在唐初官修前代史中，纪传体“正史”取得了“独尊”的地位。“安史之乱”后，藩镇割据，皇权削弱，颇有些与孔子当年所处的春秋时代相似，即“周德虽衰，王命未改”。于是出现了一个新的《春秋》热。早在开元后期，唐玄宗便强调“欲正人伦而美教化”，应当“因旧史而作《春秋》”（《册府元龟》卷556）。经过代宗、德宗两朝，啖助—赵匡—陆淳（后改名质）的《春秋》学派形成。在《春秋》学“热”的影响下，编年体又渐渐兴起，并展示出难以遏制的趋势。德宗贞元年间，马总撰《通历》10卷。宪宗时期，陈鸿撰《大统记》30卷。随即，皇甫湜《编年纪传论》出，把对于二体的褒贬提到理论的高度来认识。直至唐亡，史书的编纂日渐被编年体所垄断。文宗开成二年，王彦威进呈《唐典》70卷。宣宗大中五年，监修国史崔龟从续柳芳《唐历》成《续唐历》30卷。同年，又有姚康《通史》300卷，“自开辟至隋末，编年，纂帝王美政善事，诏令可利于时者必载。于时政、盐铁、管榷、和籴、赈贷、钱陌、兵数虚实、贮粮、用兵利害、边事、戎狄，无不备载。下至释、道、烧炼、妄求无验，皆叙之矣。”（《唐会要》卷36《修撰》）若是这部通史巨著得以流传，一定可以与《资治通鉴》相媲美。中、晚唐兴起的这一编年体通史之风，不仅影响到唐史的修撰，更以强劲之势直到北宋中期，终于使编年体“中兴”，并带动着此后编年史的长足发展，衍生出若干新的史书流派，在浩瀚的史海中又形成一个贯通前后的系列。

1 《资治通鉴》及续补之作

《资治通鉴》（简称《通鉴》）294卷，逐年记述了周威烈王二十三年（前403年）至后周世宗显德六年（959年）前后1362年的治乱兴衰，是我国编年史中记述时限最长的一部巨著。

作者司马光（1019～1086年），字君实，陕州夏县（今属山西省）人。宋仁宗宝元元年（1038年）进士，历官仁宗、英宗、神宗三朝，至哲宗即位，作了几个月的宰相。死后赠官太师温国公，后人称其为司马温公。《通鉴》始修之前，先有《历年图》即简表，又有战国至秦的8卷编年史，名为《通志》，进呈英宗。英宗览后，命其选荐助手，继续修撰。治平三年（1066年），置书局于秘阁。当时，尚无书名，仅称《论次历代君臣事迹》。第二年，神宗即位，赐书名《资治通鉴》，并作序文。从此才有了《资治通鉴》这个正式的名称。

司马光初修书时，官御史中丞、翰林学士。王安石实行新法，司马光不赞成，离开京城，长住洛阳，并以书局自随，全力投入《通鉴》的修撰。其先，遵英宗旨意，司马光已亲自选用了3名助手：范祖禹，负责唐代，前后在书局15年；刘恕，负责三国至南北朝，最初还审阅过有关五代的史料，在书局13年，未竟其业即早逝了；刘攽（音 bān），负责两汉，基本上未在洛阳书局，只完成了两汉部分的长编，即初稿。作为主编，司马光并非坐享其成，而是从史料的考订、体例的议论，以至总持大纲，笔削取舍，都亲任其劳。三位助手虽为同修，实际只是作长编，最终均由司马光亲手修订，使文风一致，体例一贯。经历19个年头的辛勤耕耘，直至神宗元丰七年（1084年）修成《资治通鉴》294卷进呈。

《通鉴》取材极为广泛，“正史”、“国史”、“实录”之外，还大量采用了杂史、奏议、笔记、碑志、文集等当时所见的各类文献。自南宋以来，就有人根据《通鉴考异》引书来进行推算，总数约340种左右。《通鉴考异》未提到的书有多少，已经不可知了。在这些史籍大都散佚的情况下，《通鉴》又多具有一层珍贵的史料价值了。

司马光编写《通鉴》，再三强调“止欲叙国家之兴衰，著生民之休戚”。这是一部治乱兴衰史，着重中原皇朝的重大政治事变，突出重要战役的谋略和经过。有关人物的事迹与言语，关系国计民生的制度沿革，与周边的往来与和战，以及社会风习、丁口增减、水利兴修等，都有记述。书中记述国之盛衰，往往是记衰世的篇幅超过记盛世的篇幅，目的是使北宋的最高统治集团“知自古以来，治世甚寡，乱世甚多，得之甚难，失之甚易”（《历年图》后序）。所谓“著生民之休戚”，与此密切相关，表明司马光是清楚地看到了历代民与官的尖锐对立和斗争。因此，书中记述秦末、汉末、隋末、唐末农民战争，占去相当篇幅，并强调：“秦之陈胜、吴广，汉之赤眉、黄巾，唐之黄巢，皆穷民之所为。”

《通鉴》记事，周纪5卷记战国147年史事，平均每卷约记30年事；秦纪3卷记秦48年史事，平均每卷记16年事；汉纪60卷记两汉425年史事，平均每卷约记7年事，近世唐纪81卷记唐289年史事，平均每卷仅记3年半事；五代纪29卷记53年史事，平均每卷记事不到2年。这一编纂特点表明，《通鉴》记事详近略古，越近越详。有的著作说，这是“详今略古”。这种说法不够确切。《通鉴》之前，《史记》、《通典》才可谓详今略古，它们都记述到作者所处的朝代，《史记》下限到司马迁同时代，《通典》下限到唐玄宗末，都详于本朝史事，才可称为“详今”。《通鉴》下限写到本朝（北宋）建立前一年，只能称“详近”，与“详今”不同。《通鉴》的详近略古，未必表现司马光多少进步历史观，恐怕与史料近世多于古代关系更为直接。史料越到后来越丰富，《通鉴》本身的史料价值也是后胜于前。

《通鉴》编年记事，继承并发展了《左传》、《汉纪》的特长。长篇叙事，多用追述，先叙由来，再记本事。同类之事，则用并叙，横向记述相关情形。追述与并叙的广泛应用，极大地弥补了编年记事以年分的缺陷，使得许多重大史事来龙去脉清晰了然。同时，又引进了纪传体传写人物的长处，使重要人物的行踪具有相对的完整性。全书文字简洁，描写战争生动。

《通鉴》在编纂上最为独特之处是通过《考异》建立起自身的考史系统。《通鉴考异》30 卷是司马光在编写《通鉴》进程中，对于各种史料加以比较、选择，并作出考辨的记录。正是由于有这样细密的考证，才使《通鉴》记述史事确凿可信，具有很高的史学价值和史料价值。

《通鉴》书中有附论，引用前人论说 97 条，“臣光曰” 119 条。“臣光曰”集中地表达了司马光的历史思想，借用“国家之兴衰”强调“礼治”和帝王的作用。书中的第一篇“臣光曰”就是讲“礼”，说“臣闻天子之职，莫大于礼”，“何谓礼？纪纲是也”。因此，礼乐教化的兴坏，便成为其记历代兴衰的一项重要内容。司马光将《通鉴》的上限断自周威烈王二十三年，就是因为周天子在这一年初命韩、赵、魏三家为诸侯，“自坏”了君臣之“礼”。从此，战国纷争，社稷泯绝。唐肃宗乾元元年，朝廷听任军士废立节度使，司马光又作议论，指责肃宗本应“正上下之礼以纲纪四方，而偷取一时之安，不思永久之患”；由于“唐治军而不顾礼”，致使“兵革不息”约 200 年。与

"礼治"相呼应，司马光极力强调"国之治乱，尽在人君"。君王的"道"、"德"、"才"，决定着国家的治乱、功过、兴衰。前面谈到司马光"著生民之休戚"，在这个前提下考察，显然是用来检验君王"道"、"德"、"才"的尺度。君明臣贤，便会天下大治。相反，君昏臣暗，民不自保，必然天下大乱。

《通鉴》中的历史思想还折射着司马光的政治观点。北宋中期，积贫积弱，统治集团纷纷寻找拯危救弊的出路。司马光与王安石都想改变现状，但思路不一致。《通鉴》书中记述历代变法之事，都强调任贤为"本"，以变法为"末"，甚至直言影射说："以今视之，岂不适足为笑而深可为戒哉!"（卷57"臣光曰"）可叹的是，二人"执拗"的思维方式给本已存在的"党争"火上浇油，最终导致"两败俱伤"，反而加速了北宋的灭亡进程。

《资治通鉴》的编纂成就和思想倾向，使其成书以来便备受推崇，改变了编年体史书的地位。为其作注释者，著名的有元代胡三省注，通常称胡注，已经成为《通鉴》必不可少的一个组成部分；还有王应麟《通鉴地理通释》。作补正者，有明末严衍《资治通鉴补》。在此之外，自宋而后，出现了一个编年史"热"，形成一套自上古至明代的编年史系列。

最初，《通鉴》未成之前，刘恕撰《通鉴外纪》10卷，补叙周威烈王二十三年以前史事。宋元之际，金履祥撰《通鉴前编》18卷，是继刘恕之后所撰的《通鉴》补前之作。

续写《通鉴》之作，更是接连不断。南宋初，李焘循司马光所创“义例”，集毕生精力撰成《续资治通鉴长编》980卷（今传辑本520卷），记述北宋168年史事，引书广博，考订精审，具有极高的史料价值。随后，李心传撰《建炎以来系年要录》200卷，记述南宋高宗一朝史事，与李焘《长编》相接。至明，薛应旂、王宗沐各撰《宋元资治通鉴》，虽疏漏较多，却承认元统。清初，徐乾学撰《资治通鉴后编》184卷，叙宋、元史事，取材较广，考订亦实，并有“臣乾学曰”发论。到乾隆年间，毕沅为湖广总督，以幕僚邵晋涵、章学诚等史学名家为助，撰《续资治通鉴》220卷，成为综述宋、辽、金、元史事最为详备的编年史。叙事直录原书文字，又折中异同，撰有《考异》附于正文之下。

以编年体记述明代史事的，先有明末清初谈迁《国榷》104卷（又卷首4卷）。清中叶以后，陈鹤撰《明纪》60卷，夏燮撰《明通鉴》100卷。

2 《通鉴纪事本末》及其续编

“纪事本末”作为一种叙事方法，已见于先秦的史籍当中，并一直在纪传体、编年体史书中使用。隋唐时期，已有专记一事之始末的史书，但未标其名为“纪事本末”。南宋年间，袁枢《通鉴纪事本末》以及章冲《春秋左传事类始末》、杨仲良《续资治通鉴长编纪事本末》相继出现于史坛，使“纪事本末”形成为一种独立的史书体裁。其中，以袁枢的《通鉴纪事本末》最有影响。

袁枢（1131～1205年），字机仲，建州建安（今福建建瓯）人。南宋孝宗初，试礼部词赋第一，调温州判官，后为礼部试官。乾道九年（1173年），出为严州教授，编纂成《通鉴纪事本末》42卷。其后，累官权工部侍郎，兼国子祭酒，知常德府、江陵府。袁枢读《资治通鉴》，“苦其浩博，乃区别其事而贯通之”，分为239个正目，69个附题，“各自起讫，自为标题。每篇各编年月，自为首尾”，总成一书。因为取材于《资治通鉴》，甚至连文字也很少改动，故名其书为《通鉴纪事本末》。

《通鉴纪事本末》立目，始于《三家分晋》，止于《世宗征淮南》。每一立目，为一重大历史事件，依《通鉴》记述先后顺序重新编排，以见其发生、发展、结局全过程。如秦灭六国，历经140来年，《通鉴》散记于卷2至卷7的6个篇卷中，《通鉴纪事本末》则以《秦并六国》立目，围绕这一中心剪裁《通鉴》的记事，从周显王七年秦孝公立始，至秦始皇二十六年灭齐止，重点采录了秦富国强兵、秦与六国关系的素材，简洁而完整地反映出秦统一的历程。

就全书而言，立目记事的注意力在“乱世”。两汉约430年，仅7卷43目；隋唐约330年，共14卷69目33附题。而三家分晋至秦二世而亡约200年，1卷3目；三国两晋南北朝约370年，竟有16卷102目26附题；五代约50年，也有4卷22目8附题。总计，汉唐

"治世"约730年，约占19卷，立105目35附题。而先秦、三国晋南北朝、五代所谓"乱世"约620年，约占21卷，立127目34附题。对于"治世"的记述，仍然是留意于其间的"祸乱"。汉初记事，自高帝至武帝，2卷16目，除开《匈奴和亲》、《南越称藩》、《汉通西南夷》、《汉通西域》4目外，其余12目皆是"灭"、"叛"、"变"、"骄纵"、"谋反"、"伐"、"平"、"击"、"祸"、"逆"等事。唐代记事，自高祖至高宗，3卷22目，除《贞观君臣论治》、《吐蕃请和》2目，其余20目全是以"平"、"讨"、"叛"等立目。至于"开天盛世"，则无一专题记述，却只有《李林甫专政》、《奸臣聚敛》、《杨氏之宠》、《安史之乱》4目。每一朝代，书中瞩目的是其"兴"与"衰"。东汉记事，3卷18目，仅光武帝差不多就占了1卷5目，《宦官亡汉》至《袁绍讨公孙瓒》又占1卷4目。唐朝记事，总共62目，《高祖兴唐》至《太宗平吐谷浑》，共17目，《裘甫寇浙江》至《朱温篡唐》共13目。一兴一衰，立目约占唐史部分的一半。

侧重"乱世"的同时，书中还很注意边疆关系。以中原政权与边族关系来立目，约占全书立目总数的1/3左右。立目中使用动词最多的，是"叛"、"寇"、"平"、"伐"等字眼。"叛"字用以概括边族不服中原政权的史事，"寇"字用以概括边族入犯中原政权之事，"平"字用以概括中原政权以武力征服边族的战争，"伐"字用以概括中原政权以武力驱除来犯边族之事。此外，"归"或"服"则用以概括边族臣服中原政权的史事。

留心统治集团内部的矛盾和争斗，是袁枢写“乱世”的又一重点。为了披露奸佞弄权误国，差不多每朝每代都立目以记其事，如《恭显用事》、《丁傅用事》、《董贤嬖倖》、《窦氏专恣》、《李林甫专政》、《李辅国用事》、《元载专权》、《裴延龄奸蠹》、《安重海专权》等。对帝王的腐败荒政，也都尽可能立目斥责，如《梁孝王骄纵》、《武帝惑神怪》、《成帝荒淫》、《明帝奢靡》、《奸臣聚敛》、《杨氏之宠》等。

《通鉴纪事本末》采录《通鉴》记事，以军事、政治事件为主，与经济相关的事仅有3目，即西汉时的《河决之患》，唐代的《奸臣聚敛》、《两税之弊》。在抄撮史事时，还照录了相关部分的“臣光曰”，表示袁枢对司马光观点的认同。

《通鉴》勾画出1362年间历史演进的基本线索和轮廓，《通鉴纪事本末》各事相对独立而缺乏历史联系。《通鉴》所记内容较为广泛，《通鉴纪事本末》则只取其关注的史事。因其便于从相类的历史事件中向人们提供借鉴，或者说便于引起联想、类比，受到孝宗嘉叹，赐东宫及江防诸帅，称赞说：“治道尽在是矣。”如此一部记述历史内容并不完整的改编之作，竟被赞扬为“治道尽在”，足见这时修史与总结“治道”的密切关系。

纪事本末体作为一种独立的史书编纂形式，对于后来的修史产生了很大的影响，以致纷纷起而仿效。自明代开始，明显地朝着以下三个方面演变：一是更加适应“治道”的需要；二是务求取材细琐、考订精密，三是愈益美化帝王的文治武功。

适应前一种需要，自明中叶至清初，出现了三部断代纪事本末，即万历年间陈邦瞻所撰《宋史纪事本末》、《元史纪事本末》，顺治年间谷应泰所撰《明史纪事本末》。

《宋史纪事本末》109 目（卷），纪宋朝史事 89 目，其余记辽、金、元事。明朝正德以后，内外交困，一天天衰败下去。于是，人们普遍追慕宋朝“家法严”、“国体顺”，形成“欲以明继宋”的思潮。正德以后，接二连三地出现以纪传体、纪事本末体改编宋史的新潮。陈邦瞻既看到历史有“变”，又担心“变而为极”，发生转化，在强调“以明继宋”时特别向往北宋太祖、太宗“举一世之治而绳之于格律”的局面。同时认为，明朝的制度、民俗、文化都是与宋朝一脉相承的，因而立目范围扩大到这些方面，如《礼乐议》、《天书封祀》、《正雅乐》、《学校科举之制》、《元丰官制》、《道教之崇》、《道学崇诎》等等。《元史纪事本末》27 目（卷），表现了陈邦瞻强烈的正统观念。有关元初的史事，陈邦瞻认为当时临安未破，南宋不能算亡，所以应当列入宋编。虽然元朝不得为正统，但陈邦瞻又无法否认“元开我（明）朝”的事实，也不能不承认“今设官、定疆、转漕、治历，与夫科举学校之利，因革损益，犹有取焉”，因而记述的范围往往由此立目。

《明史纪事本末》80 卷（目），基本上是因袭《通鉴纪事本末》，“以事类相比附”。纪事、立目的范围，亦多仿效袁枢。80目中，关于开国安边的30目，关于民众起义的16目，关于内部争斗的23目，而事关规模制度的仅仅8目，河运3目。“郑和下西洋”这样重要的史事竟未立目记述。

宋、元、明三史纪事本末，在取材、编排方面也有一些独特之处。其一，三书取材不像袁枢只取一种，都是采摭多种。其二，袁枢取编年史，改编较易。陈邦瞻取断代纪传史，《宋史》浩繁、芜杂，又兼涉辽、金、元三史，于纪、志、表、传中审定年月，成书较难，故被誉为“实有披榛得略之功”。其三，谷应泰更无成书可资采取，乃自行广稽博采朝廷邸报、实录和私人修史，比官修《明史》早七八十年修成《明史纪事本末》，史料价值最受重视。其四，《宋史纪事本末》立《道学崇诎》，以《宋史·道学列传》为主，是将人物传引进纪事本末。其五，《通鉴纪事本末》议论史事只引司马光的评论，宋、元二史纪事本末既沿引部分史家的评论，又有“陈邦瞻曰”或按语；《明史纪事本末》则在每卷（目）之后都有“谷应泰曰”，如同纪传体“正史”的论、赞。

清前期，纪事本末体史书作为一种固定形式逐渐程式化以后，便开始朝着经院式的方向演变，表现为追求义例和形式。自康熙至光绪，先后有高士奇《左传纪事本末》53卷、张鉴《西夏纪事本末》36卷以及李有棠《金史纪事本末》52卷、《辽史纪事本末》40卷（又各有卷首、卷末2卷）。

这四部书的修纂宗旨，更多是因各史“异同互见，疏漏滋多”，或因“纪事之作，久付阙如”。因此，取材在求齐全，编纂在求完整。在取材上，《左传纪事本末》凡三代、秦、汉之书，“皆博取而附载之”，《西夏纪事本末》在无专书的情况下杂采相关史籍数十种，辽、金二史纪事本末则在“卷末”专列“引用书目”，多达数百种。至于编纂，则订立凡例、详加考异、完善体例（增用表、志、图，引进类传等）。

纪事本末体史书在清代的另一演变方向，则是专以歌功颂德为主旨。这类史书多记本朝时事，炫耀最高统治者的“文治武功”。清朝之前，已有专记“用兵”平天下的史籍。到了清朝，这类史书便演变成《方略》（或《纪略》）的形式。最初有《绥寇纪略》，记对明末农民起义的用兵。自康熙二十一年（1682年），直至清亡，每一次大的军事行动之后，都下诏史馆：“纪其始末，纂辑成书”。于是，卷帙浩繁的各种《方略》不断编辑而成，总数在21种2400卷以上。内容大体可以分为两类：一类属于削平割据，巩固边疆的战事，如《平定三逆方略》、《平定准噶尔方略》等；一类属于“平定”各地起义的战事，如《临清纪略》、《兰州纪略》等。这类史籍的特点，一是奉敕修撰，多冠以“御定”、“钦定”字样；二是多载皇帝“指授方略”以及“御制诗文”；三是多阿谀之词。

3 《资治通鉴纲目》及其影响

《资治通鉴》流传到南宋，集理学大成的朱熹嫌其有两大缺陷：一是“不正名分”，未把“理”贯穿全书；二是“平文书写”，眉目难分，不便寻检。于是，朱熹“辄与同志”对《资治通鉴》进行改编，推出《资治通鉴纲目》一书，简称《通鉴纲目》，正文59卷、凡例1卷。

朱熹（1130～1200年），字元晦，别号紫阳，徽州婺源（今属江西省）人。19岁登进士第，授泉州同安主簿。其后，因李侗而得程颢、程颐理学正传，二程理学也因朱熹而成系统。南宋孝宗乾道八年（1172年）撰成《资治通鉴纲目序》，明年又撰成《伊洛渊源录》，成为朱熹将史学理学化的标志。

对《通鉴纲目》及其《凡例》，多数学者认为，《凡例》是朱熹亲定，纲或为朱熹所定，或为其门人分撰，而目则出其门人赵师渊之手。关于《通鉴纲目》的主导思想，朱熹后来曾经专门谈到过。《朱子语类》是这样记载的：“问：《纲目》主意。曰：主在正统。”《通鉴纲目序》中，朱熹序其旨意：“岁周于上而天道明矣，统正于下而人道定矣，大纲概举而监戒昭矣，众目毕张而几微著矣”。这中间，“统正于下”可谓全书最基本的观点。《凡例》以“正统”、“无统”作为两种基本统系，确定书法的区别。此外，又列出“列国”、“篡贼”、“建国”、“僭国”、“不成君小国”等5种统系。

《通鉴纲目》在编纂形式上，有其独创的特点。为了使其书“有以领其要而及其详”，使“岁年之久近，国统之离合，事辞之详略，议论之同异，通贯晓析，如指诸掌”，在编纂形式上便采取了“大纲概举”与“众目毕张”相结合的做法。具体表现是：表岁以首年，在每年之上，于行外书写干支纪年；因年以著统，正统之年，干支纪年之下大书其年号，非正统之年则双行分注；大书以提要，用大字把本年史事提要写出；分注以备言，详注史事和辑录史评。其书取材不出《通鉴》的范围，只重书法不重史料。

由于《通鉴纲目》融理学思想于修史之中，最符合宋明以来的封建专制统治需要，后来者便将这种编年叙事，每事皆分纲要、细目，大字顶格提要、分注详叙细节的史书形式称作“纲目体”，纷纷效法。

明朝成化年间，商辂奉敕修《宋元资治通鉴纲目》27 卷，接续《通鉴纲目》，成其为续编。万历年间，南轩私撰《资治通鉴纲目前编》25 卷，起上古，至三家分晋，以补前史。终明之世，《通鉴纲目》与这两部补前、续后之作往往合刻，又有陈仁锡评阅，颇为流行。

到了清朝，纲目这一类史书形式更受重视。康熙帝以宋元之际金履祥《资治通鉴前编》取代明朝南轩的《通鉴纲目前编》，在陈仁锡评点基础上重加品题，编成《御批通鉴纲目前编》；又对朱熹《通鉴纲目》亲加评定，编为《御批通鉴纲目》；还对商辂《宋元通鉴纲目》另加别裁，编成《御批通鉴纲目续编》。至乾隆年间，又敕撰《御定通鉴纲目三编》40 卷，以叙明朝史事。康乾之世“御定”的这四部“纲目体”史书，又构成一个贯通上古至明的系列，并有“资治通鉴纲目四编合刻”本传布。此外，还有乾隆《御批通鉴辑览》116卷附明唐、桂二王本末4卷，自黄帝迄于明末，“编年记载，纲目相从。”此间影响最大的要数康熙五十年（1711年）吴乘权的《纲鉴易知录》107卷。起盘古开天地，至明朝灭亡，贯串古近，纲目分明，简要易读，加之承袭朱熹《通鉴纲目》义例，因而受到推许，为当年初学历史的必读书。

自中唐《春秋》学新起，到南宋理学集大成，编年史逐渐取得了与纪传体“正史”、典章经制史鼎足而立的地位，并派生出两种改编形式——纪事本末体和纲目体。换句话说，《资治通鉴》及其派生体例形成一大史书系列，恰恰是伴着经学向理学的转变而逐渐完成的。此后，史学的演变也更趋于理学化，为维护专制集权的大一统政治实体，往往以禁锢、愚昧国人的思想为代价，“空言义理”，“舍人事而言性天”。

七　中唐至明末史学的发展

中唐至明末的八九百年间，史学在前期确立的基础上大大地发展起来。前面两章已经详叙的《通典》与“三通”系列的出现，《通鉴》及其流派的演变，以及此间的八部断代纪传体“正史”，构成了中国史学发展的三大主干。这里再就此一时期史学中最具特色的几个侧面分别叙说。

1　修史制度完善

官修史书，早在唐朝以前就已接续不断，但无制度上的保证。自唐代起，修史制度开始确立，日后逐渐完善。

唐太宗贞观三年（629 年），于中书省设置秘书内省，以修《隋书》等五代史。五代史修成，“废秘书内省”。这是设置修撰前代史的机构，完成则解散。同年闰十二月，又“别置史馆于禁中，专掌国史。”修撰前代史，与修国史（当代史），被明确地区分开来。

自五代至宋，由后一个新建的政权修撰前政权的史书，渐渐形成固定的制度，出现“宁可亡人之国，不可亡人之史”的传统。

“专掌国史”的史馆从唐代开始便建起一整套制度。史馆移入禁中，由宰相监修后，原先的著作郎便罢去史职。史馆组织有监修国史、修撰、直馆和辅助人员。监修起总裁作用。修撰、直馆是主要执笔人，按分配的任务各自撰写。修撰中有一德高望重之人为判馆事，主持史馆日常修撰事务，协调各执笔间的内容等。史馆之外，另有起居郎、起居舍人专录皇帝的言行法度，依时间顺序记录时政损益，每个季度末交付史馆，以备修史之用，这就是“起居注”。武则天在位时，又有宰相撰录退朝之后君臣所议朝政，按月汇送史馆，这是“时政记”。大约在玄宗时，史料的搜集也形成条规，订有《诸司应送史馆事例》，每项史料都由相关的主管部门负责征集采录，一月送史馆一次。规定征集采录的史料范围多达 16 个方面，五代时期增至 18 项。顺宗以后，更令史馆修撰分撰“日历”，即每日时政，一月一定稿。五代时期，出现起居院这种机构，为起居郎、起居舍人编撰“起居注”的所在。到了宋朝，分别设置了起居院、日历所、实录院、国史院以及会要所，各自负责修撰各自的史册。元、明时期，则由翰林院兼掌国史，以翰林学士兼修国史。日历所、起居注等，逐渐被废除。明清时期，翰林院有修撰、编修、检讨等史官。翰林院掌院学士充总裁官，其余学士则为纂修官。

唐太宗初设史馆，国史、实录同时修撰。当时，太宗对监修房玄龄说，“欲自看国史”，令其“撰录进来”。房玄龄认为人君不得自观国史，便“删略国史为编年体，撰高祖、太宗实录各二十卷，表上之”（《贞观政要》卷7《文史》）。这是先有国史，删略国史而为实录。直至玄宗时，史馆一面修每一位皇帝的实录，一面又修唐代的国史。自德宗始，就只有皇帝实录了。实录的纂修，基本上是每一个在位的皇帝死后，便由下一代取其“起居注”、“时政记”和“日历”，以及诸司送史馆的史料等，由史官编纂成“实录”。唐、宋以来，历代“国史”未必完备，但每一个皇帝的“实录”均可考知。“实录”以编年记事为主，每一事都较为详细地叙其原委；记载诏诰敕制，全文照录；记其大臣卒时，则综述其毕生行事，叙其历官、品德、作为，不载其奏议，不叙其后裔，一般只写个人，关系密切者也有二人合书的。“实录”作为一代帝王的史事总汇，是修撰“国史”的长编。宋元之际的学者王应麟给“实录”下了一个定义：“杂取编年、纪传之法而为之，以备史官采择”（《玉海》卷48）。自唐至元，各朝“实录”大都散佚。唐代史官韩愈所修《顺宗实录》5卷，保存于《韩昌黎外集》。宋代史官钱若水所修《太宗实录》尚存20卷，辽、金、元三朝的“实录”俱不传。明、清两朝所修“实录”大体完整保存至今，《明实录》约3000卷，《清实录》多达4300余卷。

中唐以后，史官制度、史料积累、修史制度的日趋完善和规范，为各朝修撰纪传体前代“正史”准备了充分条件。于是自五代至清初，每一新建政权便用前朝的“实录”为基本素材，修撰前代史，因而有了自《旧唐书》至《明史》八部官修纪传史前后相续，这在第二章已经叙说。

民族史学勃兴

我国的民族史学自魏晋南北朝时期出现一次盛况之后，到了宋明之际又一次勃兴起来，成为这一时期史学发展的重要内容之一。

契丹、女真、蒙古等民族入主中原，由局部地区发展为独立的政权或统一的政权，先后建立起辽、金、元三朝。他们都仿效唐宋文化，建起了较完备的修史制度。辽有编修官室昉等所修《统和实录》20卷、耶律俨所修《皇朝实录》70卷。金熙宗、章宗时，曾两次诏修辽史，有萧永祺、陈大任所修，成为后来元修《辽史》的底本。金、元各帝，都有“实录”。蒙古汗国起于朔漠之初，便有蒙文史籍，称作“脱卜赤颜”，意即历史。元朝建国以后，各帝在修“实录”的同时，仍然继续着“脱卜赤颜”的编写，但只限于由皇帝指派的蒙古大臣或色目大臣执笔，“非可令外人传者”。即便在官修《经世大典》时，请以“脱卜赤颜”增修太祖以来的事迹，都不准许。其交付史馆者，则是经皇帝批准的译本。使用两种文字修史，在中国史学中是一种奇特的现象，反映出元朝统治者在民族问题上的矛盾，既要以正统自居，又要实行狭隘的民族统治。在三朝“实录”的基础上修成的《辽史》、《金史》和

《元史》，纳入“二十四史”行列，表明民族史学的水平和地位。

“正史”（包括“实录”、“国史”）之外，记述契丹、党项、女真、蒙古等族及其所建政权史事的著作，在这一时期占有较大的比重，不乏传世之作。

《契丹国志》27 卷，是《辽史》之外唯一流传至今的纪传体辽史。注意宋辽交往、契丹的制度和风俗，专有“制度”1 卷、“岁时杂记”1 卷。纪年存在问题，当以《辽史》为准。

《大金国志》40 卷，是《金史》之外唯一流传至今的纪传体金史。体例颇与《契丹国志》相近，虽分纪、传、志等内容，但不标明。记诸帝，标“纪年”；记大臣，则分“开国功臣”、“文学翰苑”；记别国，又有“楚国张邦昌录”、“齐国刘豫录”以及“册文”等；记典志，更是一卷之下直接分细目，如卷三三下有天文、地理、燕京制度、汴京制度、陵庙制度、仪卫等细目。其书情况虽较复杂，但不论帝王事迹，还是有关制度，都可与《金史》相互印证，以补《金史》之不足。

《蒙古秘史》，亦称《元朝秘史》，是 13 世纪蒙古汗国时期用古蒙古文写成的一部编年史，记述成吉思汗祖先的谱系、蒙古各部落的源流、成吉思汗的生平事迹、窝阔台汗前期的活动。明初始用汉字音写蒙古语原文，并逐词旁注汉译，定名《元朝秘史》。现在通行的 15 卷本、12 卷本，都是辑佚本或传抄本。用两种文字修史，是元朝史学的独特之处。但若以两种记录对照，则发现其内容不尽相同。如《元史·太祖纪》源于元朝的“实录”，与作为“脱卜赤颜”的《蒙古秘史》对照，则有很多不同之处，这又给元史研究增加了不少难点。

再说稍晚的《蒙古源流》，成于明清之际，乾隆年间由蒙文译成满文，再由满文译成汉文。作者自称，其书根据“古昔蒙古汗等源流大黄册”诸蒙、藏文资料共7种写成。书中历述元、明时期蒙古各汗的史事，以俺答汗及鄂尔多斯部的活动为最详。

这一时期，记述西南地区民族的史籍也颇为引人注目，主要是关于云南地区和西藏地区的。

唐朝末年，有一部系统记述云南地区历史、地理、民族、物产、风俗及制度等情况的专著，名曰《蛮书》，共10卷。作者樊绰经两年多的深入调查，又亲自询访“蛮夷巴夏四邑根源”，并寄安南各部大首领核实，再参考前代所撰有关云南、南诏的史籍，于唐懿宗咸通五年（864年）撰成。宋代以来，颇受重视。《新唐书·南诏传》、《资治通鉴》考辨南诏史事，都以该书为主要史料来源。明朝以后失散，今本辑自《永乐大典》。

藏文历史文献不断涌现，反映着这一时期西藏史学的发展。7世纪中叶，吐蕃赞普宫廷仿效唐朝建起了修史制度，出现了第一批吐蕃官修史书。在敦煌和南疆发现的吐蕃历史文献，已有纪年、世系、传略的区分。12世纪末，有《大事记》、《吐蕃王统记》等著述。13世纪以后，史、传、志、表等历史著述形式纷纷涌现。如14世纪末的《西藏王统记》，叙吐蕃历代赞普史事；17世纪中五世达赖喇嘛的《西藏王臣史》，详近略古，详于政而略于教。

明朝以来，记述周边民族的史籍大量涌现，包括蒙古族、回族、维吾尔族、藏族、苗族、瑶族、彝族、壮族、黎族以及满族等各族的史事，并着重于各族与中原政权的种种关系。

这一时期，民族史编著的发展，既显示出多民族国家形成、发展的壮丽图景，又反映着民族史学的勃兴和成就。

3 方域史著发达

第三章谈汉唐之际史学成长时，已经提到记方域的著述《水经注》、《洛阳伽蓝记》以及《华阳国志》等。唐宋以来，这类著述日渐发达，及至元明以后成为图书中数量最为繁富的一个门类，并产生出不少名著。

隋朝结束了南北对峙数百年的割裂局面，重新建起大一统的集权统治。适应“混一戎夏，以表威化之远”的需要，便“普诏天下诸郡，条其风俗物产地图，上于尚书（省）”。于是，隋朝官修有《区宇图志》129卷、《诸郡物产土俗记》151卷和《诸州图经集》100卷等方域地理之书。唐朝官修为数更多。如太宗时魏王泰组织编纂的《括地志》550卷、高宗时史官所修《西域国志》60卷，还有每个在位皇帝时期的全国总志“十道志”或“十道图”。这类著述不论总记域中，还是分述一方，严格地说，并不就等于历史记载，只是其中涉及历史的内容很多，因此历来大都将其划归史部地理类。统记域中的，称总志；分述一方的，称方志。此外，还有专记都邑、域外的著述。

在“正史”的地理志之外，自唐以来又有一个统记域中，展示“大一统”的总志系列，这就是《元和郡县图志》、《太平寰宇记》、《元丰九域志》、《舆地纪胜》和元、明、清三朝官修的“一统志”。

《元和郡县图志》40 卷，唐宪宗时名相李吉甫撰。因成于元和八年（813 年），故名以“元和”，不是记述“元和”年间的疆域。原书图、志合一，每镇皆有图冠于篇首。北宋时图亡，后来书有散佚，今存 34 卷，是我国现存最早的全国性地理总志。全书以唐太宗时“大簿”的区划为纲，结合宪宗时节镇分布情况，分十道四十七镇，叙其沿革，尤其注意“攻守利害”。十道区划之下，分府（或州）、县，分别记述，大致包括以下几项内容：其一，府、州沿革。以唐为主，兼及历代。其二，府、州户数、乡数。以往的地理书每朝只记一次户口统计数，该书记录了“开元盛世”和“元和中兴”两个时期的户口数，可供对照。其三，府、州境界以四至、八到。“八到”是其首创，先记到长安、洛阳的里数，再记至邻近各州的里数。其中，兼涉某些域外的交通道路。其四，物产、贡赋。贡赋是新立项目，多着眼于军需和财政收入。其五，府、州属县的沿革、山川、名胜。其中，以农田水利和水利交通为多，十分注意山川形势的军事意义。该书征引前人著述上百种，地理书占一半，大都亡佚。因此，《元和郡县图志》被誉为“最古”的地理总志，“体例亦为最善”，开启了宋代诸多地理总志之先。

《太平寰宇记》200卷，北宋太宗时著作官乐史撰。所谓“太平”，是宋太宗即位后的第一个年号“太平兴国”。其时，最后平定闽越、北汉，结束五代十国的割据。乐史杂取自古山经地志，合舆图所隶，考寻始末，条分件系，得成此书。沿袭唐代旧制，分道、州郡、县三级，以州郡为单元，记述沿革、领县、州境、四至八到、户口、风俗、人物、土产等。户口一项，以太平兴国与唐代开元相较。其余基本因循《元和郡县图志》，唯有人物、艺文是新增门类。此书今缺两卷半，也是一部有特色和有影响的地理总志。

《元丰九域志》10卷，北宋神宗元丰三年（1080年）王存等奉敕修撰，是一部官修地理总志。全书以当时二十三路、京府四、次府十、州二百四十二、军三十七、监四、县一千二百三十五，分系于10卷之内。始于四京，终于省废州、军及羁縻州。分项记述，依次为道里、户口、土贡。每县之下具列乡镇、名山大川，四至八到缕析最详。户口兼记主、客户数，土贡备载贡物之数额。

《舆地纪胜》200卷，南宋王象之撰。宁宗、理宗之交，王象之取诸郡图经，节其要略，而于山川景物、碑刻诗咏，则无所遗，撰成该书。全书以宁宗以前建置为准，叙十六路所属府、州、军、监的情况，内容约略包括12项：府州沿革、领县沿革、风俗形势、自然景物、人工建造、古迹、宦游、人物、释道（人物）、碑记、诗、骈文。这是今存（有残缺）的一部南宋地理总志。

自元朝始，出现官修"一统志"的情况。元世祖至元二十二年（1285年）始纂，三十一年成787卷。成宗大德七年（1303年）续修，增为1300卷，以每路和行省直辖的府、州为纲，分建置沿革、坊郭乡镇、里至、山川、土产、风俗形胜、古迹、宦迹、人物、仙释等10目，总称《大元大一统志》。因其内容丰博，网罗详备，《元史·地理志》多取材于此书。今存元惠宗至正元年杭州刻本残本，又有辑本。

《大明一统志》90卷，明朝官修地理总志，成于英宗天顺五年（1461年）。体例因袭《大元大一统志》，以两京、十三布政使司分区，每府、直隶州一如《大元大一统志》分21目，末为"外夷"各国。引书错处较多，保存不少明代史料。

《大清一统志》下面一章再述。自唐至清，这一地理总志系统，与各"正史"地理志，构成方域史著的基干，是研治地理沿革的基本史籍。

方志，乃分述一方之志书，逐渐面向社会，这是自宋代开始空前发达起来的。对照《宋史·艺文志》与《新唐书·艺文志》史部地理类的著录，即可发现：唐代记述一方地理、风俗、治乱，包括都邑、域外之作，仅仅几十种；而宋代的这类著述，则多达二三百种，书名也多称为××志。唐宋时期的方志之书，基本散亡殆尽。《四库全书》史部地理类都会郡县之属网罗的宋代方志仅有《吴郡图经续记》3卷、《乾道临安志》3卷、《淳熙三山志》42卷、《吴郡志》50卷、《新安志》10卷、《剡录》10卷、《嘉泰会稽志》20卷及续志8卷、《嘉定赤城志》40卷、《宝庆四明志》21卷及续志12卷、《澉水志》8卷、《景定建康志》50卷、《景定严州续志》10卷等16部，今日可见南宋所修方志12种。元、明时期，差不多每省每府每州每县都有志书，分记其沿革、分野、人物、风俗等等。《明史·艺文志》史部地理类，除去20部总志性质的地理书外，有200种左右的方志之书，成为史部最大的一个类目。这类方志已是举不胜举。下面，略举几种较为独特的方志之书，一为都邑纪胜之属，一为外纪之属。

都邑纪胜之属的方志，首推北宋宋敏求所撰《长安志》20卷。早在唐代，韦述曾撰《两京新记》5卷，专记长安、洛阳事。宋敏求参预修撰《新唐书》前后，在韦述《两京新记》基础上，博采群书，参校以成《长安志》20卷。全书重点在于考订长安古迹，凡城郭、官府、山川、道里、津梁、邮驿，以至风俗物产、宫室寺院，均有详细记载。就连坊市曲折、唐代盛世士大夫宅第所在，也都一一举其原址。当年司马光在《通鉴考异》中对比两书，称《长安志》之详"不啻十倍"于《两京新记》。这是现存最早详记古都长安的一部方志名著。宋代以下，此类著述不乏其书。如两宋之际孟元老所撰《东京梦华录》10卷，追忆北宋都城开封的昔日繁华；宋元之际周密所撰《武林旧事》10卷，杂记南宋都城临安旧事，例仿孟元老《东京梦华录》。明末，刘侗、于奕正撰《帝京景物略》8卷，记明代北京城郊景物、园林寺观、陵墓祠宇、名胜古迹，旁及人物故事。体例以京师东西南北，各分内城外城，西山及畿辅附后。

外纪之属的方志，这一时期最著名的就是《大唐西域记》了。唐太宗贞观年间，玄奘法师西出长安，历经西域、中亚，终至印度全境学法求经。玄奘返回长安后，太宗敕命其撰述西行经历、闻见。于是，玄奘口述，奉命前来协助译经的辩机笔录，至贞观二十年（646年）完成《大唐西域记》12卷。书中追述了玄奘西行“所闻所履，百有三十八国”，“颇穷葱（岭）外之境”。换句话说，书中涉及的地域，自新疆西极伊朗、地中海东岸，南至印度及印尼、斯里兰卡，7世纪中叶的中亚、南亚各国概况集于一书。所记内容，大凡山川、地势、城邑、关防、交通、道路、风土、物产、气候、文化、政局等，无所不包。而这一时期有关中亚、南亚的文字资料流传极为贫乏，《大唐西域记》更显得重要和可贵了，以至后来不乏各种文字的译本。

《长春真人西游记》2卷，是继《大唐西域记》之后又一部记述中亚地区见闻的外纪之作。宋、金、元之交，道士李志常随其师长春真人丘处机赴西域觐见成吉思汗，返回中原后，李志常记其沿途所闻所见，撰成此书。内容包括地理、风俗、物产，反映了13世纪前期蒙古及畏兀儿（今维吾尔）族的生活及历史，为研究当时中亚史地的重要史籍。

宋明之际，还有几部大致相衔接的记域外之作。南宋赵汝适《诸蕃志》2卷，东至日本，西到北非，详于风土物产而略于史事，正好与《宋史·外国列传》详于史事而略于风土物产相互补充。元朝汪大渊《岛夷志略》1卷，记其两次游渡东、西洋，越数十国的所见所闻，上接《诸蕃志》，下连《瀛涯胜览》。《瀛涯胜览》1卷，为马欢随郑和三次（第四、第六、第七次）下西洋所见所闻。其时，马欢为通译，自然对于所见所闻更易于了解，因而书中记述较同时的其他相类著述详备，具有更高的学术价值。其书所记，包括南亚20余国，各载其疆域、道里、风俗、物产，并略涉其沿革。通过这三部外纪之作，宋明之际与东南亚、西亚、北非的交往，大致可收眼底。

地理类外纪之属的著述，折射出这样一个事实：宋明之际中国同世界的交往，逐渐由陆路转向海路，由黄土荒漠转向蔚蓝大海。

4 史学的通俗化趋势

唐宋之际开始，随着史学的日益规范化和官府化，又以强劲不衰之势兴起一种史学的通俗化和平民化的趋势。对于这后一种趋势，历来史家都未曾给予过足够的重视，甚至采取极端轻蔑的态度，以致长时间地造成一种误区。为此，这里特辟一节专门叙述史学通俗化的问题。

史学的通俗化、平民化趋势，自唐宋以来主要表现在记述内容和传播方式两个基本方面。以记述内容而言，开始涌现以记述琐闻轶事为主的历史笔记。就传播形式来讲，从殿堂、经院走向市井、瓦舍，形成以话说故事为主的历史小说。

先介绍历史笔记。

早在魏晋南北朝时期，以讲求声韵、对仗的文章为“文”，称信笔而写的无韵散文为“笔”。后来，就把用散文零星所记，统称为“笔记”。当时在图书分类中子部又有一个“小说家类”，专门著录“街谈巷语之说”的各种著述。于是，人们便以散记的“残丛小语”一类的故事集称之为“笔记小说”。这中间的“志怪小说”，后来发展为唐宋传奇，且不去说它。但其“志人”的那一部分，到了中唐前后，便明显地演变成专记琐闻轶事的“历史笔记”了，只是仍然被列在子部“小说家类”。

今天所见唐代最早的这类“笔记”，便是玄宗时期出现的张鷟《朝野佥载》和刘悚《隋唐嘉话》。如果说《朝野佥载》在记述武则天、唐玄宗前期琐闻轶事的同时，还杂有不少鬼神怪异的故事，反映着由“志怪小说”脱胎而出的痕迹，那么《隋唐嘉话》则完全转入“志人”的范畴，辑录自隋至唐玄宗的人物、故事，以唐太宗一朝的轶闻为多。其中，可供考史参证和被后人用典的内容不少，《资治通鉴》多所引用。值得注意的是，刘悚当时是史官，参预修国史，仍然不忘搜集以往的琐闻轶事。而且，《隋唐嘉话》最初的名称就叫《小说》，书前的“述曰”自谓“多闻往说，不足备之大典，故系之小说之末。”就其所记简短的言行片断，体裁和文字都表现出是属于《世说新语》的流派。《世说新语》是南北朝时期“志人小说”的代表作，是后世“笔记小说”的先驱。刘悚以史官撰《小说》3 卷，记前代琐闻轶事，表示着“志人小说”在唐代向历史笔记转变的开始。

唐宪宗时，刘肃撰《大唐新语》13 卷，仿《世说新语》体裁，按内容分门类，有匡赞、规谏以至谐谑、记异、郊禅等 29 个门类，记唐高祖至唐代宗间的琐闻轶事。每段自具首尾，叙述较详，较之《世说新语》截取片言只语，更接近“杂史”一类的著述。接下来，李肇撰《国史补》3 卷，自序明确表示：昔日刘悚集小说，涉南北朝至开元，自己“自开元至长庆撰《国史补》”，以补史书之缺。言报应、叙鬼神的内容“悉去之”，只是纪事实、辨疑惑、采风俗、助谈笑。自此以后，记述琐闻轶事的这类著述剧增。流传至今的唐代（包括五代）的主要著述有：《刘宾客嘉话录》、《因话录》、《幽闲鼓吹》、《松窗录》以及《杜阳杂编》、《云溪友议》和《北梦琐言》等。

到了宋代，这种“历史笔记”更加发展，举不胜举。其中，不乏大史学家随笔记述琐闻轶事。欧阳修《归田录》2 卷，即是以唐李肇《国史补》“为式”，仿效其体例而成。平日随记朝野轶闻故事，致仕归田后整理排比成书，间记谐谈、戏谑之言。宋祁也有此类性质的3卷书，干脆取名作《笔记》。至于司马光的《涑水记闻》16卷，更是此中的名作。书中杂录宋太祖至宋神宗间的故事，多涉宋初宫廷轶闻。每条大都注明何人所说，故曰“记闻”。有采录他书者，也在后标出。所记故事，大都详述始末，颇近史体。司马光本打算采北宋实录、国史及异闻等，撰《通鉴》后纪，《涑水记闻》可谓一本原始素材。《新唐书》的修纂官之一的宋敏求也撰有《春明退朝录》3卷，专记每日退朝后所见所闻。史官之外，仿效《世说新语》之体分门别类记述轶闻的，《渑水燕谈录》、《挥麈录》等，颇受史家重视。

宋代笔记琐闻轶事的著述，随着数量的不断递增，记述重点大体呈现出较明显的区别。述治政得失的，如《涑水记闻》、《挥麈录》等；载典制故实的，如《春明退朝录》、《石林燕语》等；记前代琐事的，如《南部新书》、《南唐近事》等；录文人雅事的，如《师友谈记》、《东坡志林》等；评诗话文章的，如《侯鲭录》、《鹤林玉露》等；采民间风俗的，如《西湖老人繁胜录》、《梦粱录》等。

金元时期，琐闻轶事类的笔记仍然兴旺不衰。以其内容区分，大致可为三种类型。其一，以遗老地位追忆前代轶闻，如由金入元的刘祁，撰《归潜志》14卷，记述金朝故事，虽无标题和门类，却是以类相从进行编次的。其二，以亲身所历记录本朝制度，如王恽《玉堂嘉话》8卷，记元世祖及其以前的文物、礼仪等。其三，分门别类地编次琐闻轶事。此间最有成就的是陶宗仪《辍耕录》30 卷，记述元代法令、制度、琐事、轶闻以及宋末故实、诗文等，颇具史料价值。与之体例相近的，还有刘埙《隐居通议》31 卷，亦兼记述、议论、考订于一书。

及至明朝，“野史笔记”空前增多，有“不下千家”的说法。只可惜清前期毁禁甚多，但流传至今也为数不少。中华书局曾以“元明史料笔记丛刊”和“明清笔记丛刊”两种方式选择整理，陆续标点出版。这里只作简要提示。专记明朝故事的，首推沈德符《万历野获编》30 卷，次如陆容《菽园杂记》15 卷、余继登的《典故纪闻》18 卷。多记本朝制度的，有叶盛《水东日记》、郑晓《今言类编》、王世贞《觚不觚录》等。载录社会民情的，如田艺蘅《留青日札》39 卷、张岱《陶庵梦忆》8 卷等。详于亲身经历的，如刘若愚《酌中志》23 卷、杨士聪《玉堂荟记》2 卷等。此外，还有杂谈历代掌故、书画杂艺之类较为专门的笔记。

对上述笔记之类，正如鲁迅所说，不那么“装腔作势”，不那么“太摆史官架子”，因而读起来也就“更容易了然”（《华盖集·忽然想到》），是史学通俗化、平民化的一个不容忽视的方面。

再说历史小说。

在唐代传奇中，已经有了以历史人物或历史事件为主要内容的故事，如牛僧孺《玄怪录》中的《郭元振》、李公佐记其所见的《谢小娥传》等。至于托名吴兢的《开元升平源》和陈鸿的《东城老父传》、《长恨歌传》，更是为后来的史家另眼看待。宋代传奇中，围绕隋炀帝和唐玄宗两个人物来写故事的，有托名颜师古的《隋遗录》和无名氏的《开河记》、《迷楼记》、《海山记》，以及乐史的《杨太真外传》、秦醇的《骊山记》、《温泉记》。这些作品，也曾为古今史家用以参证史事，不仅仅视之为文学史的内容。

下面主要说历史故事的传播，也即历史小说的形成。

至迟在中唐时就已经有了“说话”这种形式，即后来的说评书、讲故事。据记载，“说话”内容主要分为“小说”与“讲史”两类。小说以传奇为主，讲史以说历史故事为主。“说话”的底本，便是所谓“话本”。宋元话本大都散佚。“小说”方面现存不过四、五十篇。“讲史”方面现存《全相平话五种》，即《武王伐纣平话》、《七国春秋平话》（后集）、《秦并六国平话》、《前汉书平话》（续集）、《三国志平话》。此“五种”之外，还有《五代史平话》。仅从这一份现存“讲史”的目录内容看，当时的讲说历史已经是纵贯古今了，从商末至五代都有“话本”供“说话”人为据。这些讲史的“话本”，无可辩驳地证明着史学在走向通俗化、平民化。以《五代史平话》为例，全书以梁、唐、晋、汉、周五代各分上、下卷（其中梁史、汉史下卷佚），大体依照“正史”的记载，叙说五代兴替。只有在叙及细节时，才加增饰，引入民间有关黄巢、朱温、刘知远、郭威的传说，耐人听闻。书中讲述后晋“搜括民谷”，“分道括率民财”，不惜“先斩而后奏"，抨击石敬塘为"儿皇帝"，割幽云十六州给契丹，显然带有浓厚的宋代的时代气息。

话说三国，在宋代的"讲史"中已经形成专门的科目，出现了专门"说三分"的"说话"人。这时，"拥刘反曹"的思想倾向也已经十分鲜明了。据《东坡志林》记载，"聚坐听说古话。至说三国事，闻刘玄德败，频蹙眉，有出涕者；闻曹操败，则喜唱快。"这比朱熹在《通鉴纲目》中以刘备为正统，斥曹操为非正统，至少要早200年，也不知影响多少士农工商。今天所见《三国志平话》，是元英宗至治年间（1321～1323年）的刊本，共3卷，上图下文，约8万余言，粗具后来《三国演义》的规模。元末明初，在民间长期流传的基础上，罗贯中终于写成长篇历史小说《三国演义》。从此，凡欲了解东汉末至西晋建立这一时期史事的人，无不是先读《三国演义》而后才读陈寿《三国志》的。而在平民百姓家，则只知有《三国演义》而不知有《三国志》。到了明后期，历史小说明显地表现出两种倾向。一种倾向是变历史为通俗演义："自罗贯中《三国演义》一书，以国史演为通俗演义百余回，为世所尚，嗣是效颦日众，因而有《夏书》、《商书》、《列国》、《残唐》、《南北宋》诸刻，其浩瀚与正史分签并架"（《新列国志》吴门可观道人序），形成一个通俗历史读物系列。另一种倾向是向英雄传奇演变，以隋末聚义、唐代开国和北宋抗辽为中心故事，塑造出一批英雄形象。除开"说唐"系统的6部历史小说外，成就最大的要说是《杨家将通俗演义》

了。老令公、杨延昭、杨文广、寇准、萧太后等，这些真实的历史人物，人们大都是通过《杨家将通俗演义》才识其真面目的。倘若没有关于杨家将祖孙的种种传说，没有《杨家将通俗演义》被各代说书人传颂，又有多少人会知道杨家世代捍卫北疆的业绩呢？

历史小说绝不等于历史，甚至也不能与历史笔记相当，尽管历史笔记中也有不少怪异神奇的内容。但“装腔作势”、“大摆史官架子”的规范化史学，老百姓并不买账，只要不是为了科考做官，即便是识文断字的读书人也未必会专门去抠那些面孔日趋理学化的的史学著述。所以，就在唐代《实录》不断续修的同时，朝堂之上竟然发出“比来史学都废，至有身处班列，而朝廷旧章莫能知者”的感叹（《新唐书·选举志上》）。

随着商品经济的不断发展，寓乐于史、寓史于乐，成为唐宋社会的一种文化风尚。猎奇轶闻与话说故事，推动着历史笔记和历史小说的长足发展，成为与规范化、官府化史学并行不衰的两大新兴的历史文化系列。这两大新崛起的系列，不论如何受“殿堂”史学的轻视，它们的社会效应都是“经院”史学根本不能与之相抗衡的。

最后，简单说一下史学领域的进一步扩展。

早在史学确立时期就已成长起来的传记、史考、史补等门类，在这一时期都得到充分发展。传记中比较突出的，一是由类传演变出的学术史著述，如朱熹的《伊洛渊源录》；二是集墓志碑铭而成的名臣传，如宋杜大珪《名臣碑传琬琰集》、元苏天爵《元朝名臣事略》、明徐纮《明名臣琬琰录》、《续录》、焦竑《国朝献征录》等，展示出此间“文之将史”的趋势。史考，即历史考据，自中唐以下由文字训诂转而注重史实，考辨名物制度，征引金石资料以证文献记载，推动了校勘、金石、辨伪之学的兴起。明代胡应麟《四部正讹》，为第一部辨伪专著。史补，主要集中在“正史”的修补。唐代颜师古注《汉书》，司马贞、张守节注《史记》，都是传世的名篇。宋代吴缜又有《新唐书纠谬》、《五代史纂误》等。

八 清前期史学从辉煌走向终结

明末清初，即17世纪中叶的中国，没有能够与世界上的先进国家同步，打开近代社会的大门，仍然在已经落后了的经济形态下缓慢前进。满洲贵族入主中原，给正在走向衰落的古老社会带来更加复杂的社会问题。同时，巨大的民族反抗心理，还激起经世思潮的空前高涨。清廷在武力征服的同时，一方面施以文化高压政策，毫不含糊地遏制了这一思潮的扩展；另一方面又从中原的传统文化中找到有利于巩固自己统治的思想武器——“帝王立政之要，必本经学”，整个知识界被引导到对传统学术文化进行全面整理和系统总结的新阶段。清前期，是古代学术文化发展的一个辉煌阶段，但同时也是一个即将终结的阶段。

1 清初主要史学流派

通常讲明末清初“三大师”——黄宗羲、顾炎武、王夫之，代表着史学上的三个不同流派。

先说黄宗羲与浙东学派。

黄宗羲（1610～1695 年），字太冲，号南雷，学者尊称为梨洲先生，浙江余姚人。明末，从学于刘宗周，曾招募义勇结寨抗清。直至顺治十八年（1661 年），眼见恢复明室无望，才返归故里，致力于著述与讲学，开出浙东学术一大流派，一生著述 60 余种 1300 余卷。

《明夷待访录》不分卷，成于康熙二年（1663 年），是黄宗羲结束颠沛流离生活，开始转而著述的标志。全书 13 篇，要点有三：一是明君臣职分，抨击君主专制；二是强调“法治”，认为“有治法而后有治人”；三是治乱系万民，工商皆为本的思想。通过总结明亡的教训，提出对君主政体的评价问题，既是黄宗羲经世思想的集中表现，又闪烁出早期民主思想的光辉。

《明儒学案》62 卷是黄宗羲最重要的学术贡献，纵贯有明一代理学源流，为我国古代第一部系统的断代学术史巨著。前面提到朱熹的《伊洛渊源录》是为学术史的雏形。明末清初，也还有《圣学宗传》、《理学宗传》等，但只有《明儒学案》体例严整，自成一家，是名符其实的“为学作史”。卷首冠以《师说》，辑录刘宗周对明代理学的论述，为全书宗旨。其下，按学术传授系统，将明代 200 多名学者分为不同学派，立了 17 个学案。明初，以 4 个学案分叙程朱之学和陆学。明中期，以 7 个学案重点叙说王（守仁）学及其门派，又以止修、泰州、甘泉 3 个学派虽出王门却别有宗旨，故不标“王门”2 字。不属任何学派的方孝孺等40余人，另立《诸儒学案》上、中、下。明末，以东林、蕺山二学案修正王学末流之弊。每一学案之前，黄宗羲有一绪论，介绍案主学术宗旨。其后，为案主本传。之后，选录案主有关文章和语录。全书较为注意各家各派的“一偏之见”、“相反之论”，辨明学术宗旨，但其所叙仅限于理学各派，而于王世贞、李贽等的学术竟无所叙，未免局限。

黄宗羲开浙东学术之源，下启万斯同兄弟的经史之学，以至乾嘉时期全祖望、邵晋涵、章学诚等尚存其意，可谓源远流长，自成一系。

万斯同以布衣参预清初官修《明史》，作出不可磨灭贡献，前面已有所叙。

全祖望虽然出生于黄宗羲去世之后，但其毕生最大的功绩就在承继黄宗羲父子未竟之业，完成《宋元学案》100卷。全书立宋元86个学案，叙宋元期间2000余学者的学术活动和学术宗旨。其中，以濂溪、明道、伊川、横渠、晦翁、象山等学案为重点，叙二程、朱陆学术。每一学案前表列师友弟子，再立案主小传，末附轶闻及评论。其书不主一尊，既叙理学，也叙各家各派。

“黄顾并举”，与黄宗羲齐名的另一学术大师则是顾炎武。

顾炎武（1613~1682年），原名绛，字忠清，明亡改炎武，字宁人，学者尊称为亭林先生，江苏昆山人。明末，面对严峻的社会现实，从科场中清醒过来，开始探寻国弱民贫的病根，倾全力编纂《天下郡国利病书》和《肇域志》。明亡之后，抗清失败。顺治十四年（1657 年）以后，开始了长达 20 多年的云游生涯。康熙元年（1662 年）以后，渐渐转以毕生精力编写其最重要的代表作《日知录》。新的文字狱再度降临其头上。晚年的顾炎武以其深湛的学术造诣而名誉朝野，被尊为“清学开山”。

《天下郡国利病书》有不分卷本和 120 卷本两种本子，体现着顾炎武早年的经世思想。在全书编排上，120 卷本总论舆地山川，分述两京及十三布政司，然后是边备、河套、西域、交趾、海外诸蕃及入贡互市。通过丰富的资料，揭示明代的社会经济状况，探寻利弊得失，以求达到革除弊病的目的。有关各地赋役不均的实情，有关农民起义的事实，都是《明实录》、《明史》中难以见到的。

《日知录》32 卷，用顾炎武的说法，是其“平生之志与业皆在其中”的一部结晶之作。内容广博，涵盖古今，但未明确标目分类。因此，后人有分为 8 类的，也有归为 15 类的，都不能代表其本意。顾炎武自己也有一个说法：“别著《日知录》，上篇经术，中篇治道，下篇博闻，共三十余卷”（《与人书二十五》）。不论谈“经术”，还是讲“博闻”，都是围绕“治道”的，显见其旨趣是在“明道救世”。由此更容易了解其先前的经世思想如何日趋深化。书中从探讨社会经济问题入手，进而引向对君主政体的抨击，对此过去人们似乎注意不够。卷 6《爱百姓故刑罚中》、卷 9《守令》、卷 24《君》等条，尽剥“君”的高贵外衣，提出反对“独治”、实行“众治”的主张。抨击空疏学风，倡导务实之风，更是《日知录》的一大成就。正是《日知录》以其朴实无华的内容，开启了清代健实清新的新风气。书中所反映的重视发掘一手材料，广求本证旁证，综贯百家而通其源流，明古今历史递变，宁可阙疑也不主观臆断，虚怀若谷以求精当等等的治史精神和方法，不仅影响乾嘉时期的史学，甚而及于近代史学。然而，“其术足以匡时，其言足以救世”的一面则渐渐被舍弃掉了。

踵接顾炎武《天下郡国利病书》，集历代舆地学大成的，是顾祖禹的《读史方舆纪要》130 卷，附《舆图要览》4 卷。书中，顾祖禹有意识地把地理环境与历史事变相结合，使两者水乳交融，表现出了强烈的经世思想。前 9 卷总论历代州域形势，以朝代为经、地理为纬。中 114 卷，依明代政区分述南、北直隶及十三布政司，每省卷首冠以总叙，再叙各府、州、县疆域沿革、名山大川、关隘古迹等。其间，郡县变迁、山川险要、战守攻取，载录最详。后 7 卷专叙山川原委、天文分野。每卷所记，正文为纲，注释为目，夹叙夹议。其书内容丰富，多取材于文献，而缺少实地考察，再就是过分强调地理环境对历史的作用。虽然如此，仍不失为我国古代历史地理学的一个辉煌总结。

与黄宗羲、顾炎武并提的另一清初学术大师是王夫之。

王夫之（1619～1692 年），字而农，号姜斋，学者尊称为船山先生，湖南衡阳人，一生坎坷。明亡后曾举兵抗清，但不接受大西军李定国之请，拒不出山。康熙平定吴三桂之后，王夫之以“顽石”自况，归隐著述，形成其博大的学术体系。在史学领域中，既有名著《读通鉴论》和《宋论》，又有堪称信史的《永历实录》、《箨史》等。

《读通鉴论》30 卷是王夫之的史论代表作，也是古代史论的杰作。其书以朝代分卷，有一朝一卷的，也有一朝数卷的。每卷中，包括几个帝王，少则 1 人，多则 8 人。每一帝王之下，又分若干节论其史事。卷末又有叙论 4 篇。书中所论集中反映了王夫之的历史观点和政治倾向。

王夫之在清理宋明学术的同时，以自己的学术实践形成完整的哲学体系，包括“变化日新”的辩证思维和“理势合一”的历史观，为古代史学思想作出了有意义的贡献。所谓“势”，是指历史发展的“必然”趋势。所谓“理”，是指“顺必然之势者”（《宋论》卷 7）的事理。王夫之以“理势合一”的理论，否定了所谓“三代盛世”的说法。全书开篇，肯定秦始皇废分封制、立郡县制是“势之所趋，岂非理而能然哉”，也是其“理势合一”思想的具体体现。“变化日新”的哲学思想在看待历史问题时，使他清楚地认识到古今变革的不可逆转，“事随势迁而法必变”，只能够“趋时更新”，不应该以“祖宗之法”施之后世。贯穿整部书的一个思想是：汉以后之天下，只能“以汉以后之法治之”。

以史为鉴，求治之所资，更是王夫之著《读通鉴论》的经世之旨。他在书中这样写道："为史者，记载徒繁，而经世之大略不著，后人欲得其得失之枢机以效法之无由也，则恶用史为？"（卷 6）就是说，写史论史，不能只追求记载繁富，而要表达经世大略，使后人从中得到治世的启发。《读通鉴论》是这样说的，也是这样做的。

三位"大师"所欲"经"之"世"非清而明，所"致"之"用"是为明用而不为清用，终究无济于世，"依旧空言"而已。"经世"不成，却在某种程度上影响着学术风气，推动着学术发展，这才是其"致用"的实际意义所在！

2 "乾嘉史学"

通常所说的"乾嘉史学"，多指乾隆、嘉庆时期（1736～1820 年）史学的基本倾向——历史考据，并以钱大昕、赵翼、王鸣盛三人为当时考史的代表。其实，事情还有另一面，除了历史考据之作外，还有大量鸿篇巨制的官修史著，直至今天仍然为学术研究的重要依据，其影响和作用远远超过所谓"三大考史"之作。下面，将分别作以评述。

乾嘉时期，继承清朝开国以来的文化政策，在大兴文字狱的同时，更多地采取了另一手，即"寓禁于修"、"稽古右文"等做法，渐渐将清初"三大师"所开启的博古通今、经世致用的风气，引导到整理文献、埋头著述的方向上去，造成博古而怯于通今，知人而畏于论世的学术环境。朝廷牢牢抓住修史大权，极力抬高官修史书的地位，而一切官修史书又都唯“上谕”是尊。整理文献，始终贯串“归正斥邪”的原则，这就是乾隆给《四库全书总目提要》下的谕旨：“该总裁等务须详慎决择，使群言悉归雅正，副朕鉴古斥邪之意。”在这样的“文化政策”下，乾嘉时期官修史书大大地超过了以往任何一个朝代，而且差不多覆盖了史部的各主要门类。如正史类有乾隆四年成书的《明史》，编年类有诸帝《实录》、《御定通鉴纲目》等，纪事本末类有乾隆、嘉庆各次武功的《方略》、《纪略》，诏令奏议类有各帝的《圣训》、《上谕》之类，传记类有《满汉名臣传》、《八旗满洲氏族通谱》等，地理类更有《大清一统志》和各省《通志》、府县方志，职官类有《历代职官表》等，政书类有“续三通”、“清三通”、《大清会典》等，目录类有《四库全书总目》及《简明目录》等。就是别史类、杂史类、金石类、史评类，也不乏乾隆、嘉庆敕撰。如此繁富的著述，不仅为后人提供了研治清史的基本素材，也是了解乾嘉时期史学必不可缺的内容，不可在谈“乾嘉史学”时否认上述事实。

对于上述事实，当然还应具体分析。上面已经提到，这是乾嘉时期“文化政策”在史学领域的集中体现。官修史书既已“垄断”了史部的主要门类，垄断了近世史（明清史）的修撰，私人治史只能被挤到古史领域，舍近而向古了，朝廷也同样给“读书人”留下一条狭窄的“作学问”之路——历史考据。乾隆

“上谕”特别强调：“即在识小之徒，专门撰述，细及名物象数，兼综条贯，各自成家，亦莫不有所发明，可为游艺养心之一助”（《四库全书总目卷首》）。所谓“细及名物象数”，就是指烦琐的历史考据；所谓“有所发明，可游艺养心”，就是引导你为一己之得而沾沾自喜。于是，乾嘉时期的私人治史，渐渐落入乾隆“文化政策”的圈套，纷纷去校注古籍，辨伪辑佚，修补旧史，考订史事。辨伪之学以崔述最有成就。辑佚成果，颇为可观，当时仅从《永乐大典》中辑出的史部著述就有《旧五代史》、《续资治通鉴长编》、《宋两朝纲目备要》、《宋会要稿》等重要史籍。修补旧史，重点在表和志上，后来大都收入《二十五史补编》中。《西魏书》、《十国春秋》、《元史稿》等，是改编旧史的佼佼者。在这众多“识小之徒，专门撰述”当中，“兼综条贯，各自成家”的，则是钱大昕、赵翼、王鸣盛三家，也即通常所谓“乾嘉三大考史家”。

钱大昕（1728～1804年），字晓征，又字辛楣，号竹汀，江苏嘉定（今属上海）人。乾隆十九年（1754年）进士，官至少詹事。48岁退隐，专心讲学、著述，《廿二史考异》100卷是其考史的代表作。钱大昕曾言其考史“先通官制，次精舆地，次辨氏族”，是为书中的重点。其考证的方法，一是汇集各项材料，以“廿二史”为主，兼及稗官野史、金石材料；二是排比异同，观其联系，以定真伪；三是专题考索，如《侯国考》一类的专条。通过考证，钱大昕发现“廿二史”中或多或少都存在各种谬误。对于宋元明官修各史多所不满，尤其不满于明初官修《元史》，因而其书竟以15卷的篇幅来指摘《元史》的谬误。至于他的元史研究和《元史稿》有什么“政治”色彩，应从其考订官修《元史》的角度来理解较为适宜。

赵翼（1727～1814年），字耘松（亦作云崧），号瓯北，江苏阳湖（今江苏常州）人。乾隆二十六年（1761年）进士，官至贵西兵备道。46岁辞官还乡，专心著述，《廿二史札记》36卷是其治史的代表作。赵翼的“廿二史”与钱大昕的“廿二史”稍有不同，钱大昕的《考异》是从“廿四史”中提出《旧五代史》、《明史》置之不议，赵翼的《札记》则是以朝廷所定《正史》为名目，实则考论的是包括《旧唐书》和《旧五代史》在内的“廿四史”。赵翼在书前的《小引》中谈到其编著宗旨：“此编多就正史纪传表志中参互勘校，其有牴牾处自见，辄摘出以俟博雅君子订正焉。至古今风会之递变，政事之屡更，有关于治乱兴衰之故者，亦随所见附著之。”其书有考据，有议论，又长于综合归纳，提炼出许多比较精到简明的专题，但其以史证史，基本上限于以正史证正史，兼用本证、互证和理证之法，不取“稗乘脞说与正史歧互者”。在考论各“正史”时，赵翼十分用心于各史的编纂问题，如取材精审与否、文笔是否简净、史家品德如何，对于了解“廿四史”及其作者提出一个大致的认识。书中评论史事或人物，最大的特点是不专主一事一人，而是抓住一个时代的特点，融汇相关素材而加以考论。例如，汉代的外戚、宦官、党锢和经学，魏晋南北朝的门第、九品中正和清谈，唐代的“女祸”、宦官、藩镇，五代的武夫，宋代的弊政、和议，辽、金、元的用兵，明代的刑狱、阉党、“流贼”等，都有若干专条考论。赵翼在书前《小引》中的这句话也应当引起注意，即“自惟中岁归田，遭时承平，得优游林下，寝馈于文史以送老，书生之幸多矣。或以比顾亭林《日知录》，谓身虽不仕而其言有可用者，则吾岂敢。”是不敢与顾炎武相比，还是暗示其书欲仿效《日知录》？另有《陔余丛考》43 卷，可与《廿二史札记》参看。

王鸣盛（1722～1797 年），字凤喈，号礼堂，又号西庄，晚年又号西沚居士，江苏嘉定（今属上海）人。乾隆十九年（1754 年）与钱大昕同中进士，官至内阁学士兼礼部侍郎。42 岁休官，移居苏州，专事著述，《十七史商榷》100 卷是其史学成就的代表。王鸣盛所“商榷”的十七史是指《新唐书》、《新五代史》以前的各“正史”。但其又以《旧唐书》、《旧五代史》与二“新史”互校，故实际涉及的是十九史。所谓“商榷”，即其自序所说：“改讹文，补脱文，去衍文，又举其中典制事迹，诠解蒙滞，审核踳驳”。其书的重点，一是校勘文字，二是考证典制。在考证典制方面，注意职官制度和地理沿革。王鸣盛与赵翼的一个最大的不同点是，他在“商榷”各史时，广求善本，“又搜罗偏霸杂史、稗官野乘、山经地志、谱牒簿录，以暨诸子百家、小说笔记、诗文别集、释老异教，旁及钟鼎尊彝之款识、山林祠墓祠庙伽兰碑碣断阙之文，尽取以为佐证”。考校当中，也很注意对各史的比较研究，特别是对内容相同的各史，如《南史》、《北史》与南北朝八史，两《唐书》、两《五代史》进行对比，发现异同，以评论其体例、取材、纪事、文笔及修史态度等。王鸣盛论史，也有一些独到之处，翻了一些旧案，如称唐永贞革新是“改革积弊，加惠穷民”，而《新唐书》只“以成败论人事”，应当“平反此狱”。但总的说，王鸣盛治史“矜气，好诋评，心又不细”（《越缦堂读书记·综合性笔记》），影响了其书的价值。

不论钱大昕、赵翼、王鸣盛三人的成就与局限如何，他们的一个最明显的共同之处就是：博古而不通今，考史而不论世。正因为此，便使人以为“乾嘉史学”就是乾嘉考据了。其实，这在乾嘉时期的整个史学领域中，只能占据一席之地，仅仅表明历史考据这一分支学科的水平。

不要忘记，在乾嘉时期的史坛上，除了官修史书覆盖史部各门类之外，除了“三大考史”所代表的博古倾向之外，更有着章学诚所代表的全面反思古典史学得失的这一重要方面。

3 《文史通义》：古典史学的终结

正当“天子右文稽古，《三通》、《四库》诸馆以次而开，词臣多由编纂超迁，而寒士挟策依人，亦以精于校雠，辄得优馆，甚且资以进身”的“风气所趋”之际，异军突起，出现了一位“必逆于时趋”的史学大家——章学诚，并以其代表作《文史通义》宣告了我国古典史学的终结。

章学诚（1738～1801年），字实斋，号少岩，浙江会稽（今浙江绍兴）人。十五、六岁时，志趣已移于史学，并逐渐有了独特的见解。后入京得到翰林院编修朱筠的赏识，因以与当时的学界名流戴震、邵晋涵、洪亮吉等交游。直至乾隆四十三年（1778年），才得中进士，但“自以迂疏，不敢入仕”。此间除了应聘修撰《和州志》、《永清县志》等，基本以教书讲学为生。五十三年，入毕沅府，为其编纂《续资治通鉴》，主编《湖北通志》等。《文史通义》是章学诚从35岁开始，历时30余年，在辗转奔波的旅途中，逐篇撰写的。未及完稿，贫病而卒。道光十二年（1832年），次子华绂在开封刊印《文史通义》内篇5卷、外篇3卷以及《校雠通义》3卷，是为章学诚著述的最早刊本，称“大梁本”。1922年，刘承干依章学诚遗稿编目补订由嘉业堂刊印《章氏遗书》50卷，是为章学诚著述的最全刊本。“遗书”本的《文史通义》内篇6卷、外篇3卷。

章学诚平生著述宏富，但其自谓“性命之文，尽于《通义》一书”（《跋戊申秋课》）。而其撰著《文史通义》，是“专为著作之林校雠得失”，“为能持世而救偏”（《与陈鉴亭论学》）。在《报孙渊如书》中，他又强调：“凡涉著作之林，皆是史学”。很显然，章学诚是要以《文史通义》来抨击世俗风尚而有所偏的倾向，系统“校雠”史学的种种得失。在章学诚看来，历来学术风尚的偏向，一是“空言义理以为功”的宋学，一是“以考订名物为务”的汉学，因以“苟欲有所救挽”。书中针对乾嘉时期的考据之风，强调“史学所以经世，固非空言著述”，但“整辑排比谓之史纂，参互搜讨谓之史考，皆非史学”（《浙东学术》）。而“‘尊汉学’尚郑（玄）许（慎），今之风尚如此。此乃学古，非古学也”（《说林》）。另一方面，书中对于“舍人事而言性天”的宋学流弊，同样大加鞭斥：“宋儒之学，自是三代以后讲求诚正治平正路，第其流弊，则于学问、文章、经济、事功之外，别见所谓道耳。以道名学，而外轻经济事功，内轻学问文章，则守陋自足，枵腹空谈性天，无怪通通耻言宋学矣”（《家书》五）。在批判两种学风之弊的时候，章学诚并没有一笔抹煞它们的学术地位，而是确立其“咨于善者而取法”的兼收并蓄的学术思想体系。

其一，强调“六经皆史”，扩大史学领域。全书开篇第一句便是“六经皆史也”，因为“六经”都是“先王之政典”。这一思想不仅使他认为“古无经史之分”，更使他提出“子集诸家，其源皆出于史”（《报孙渊如书》）的看法。因此，当他强调史家要博学时，便要求其“经部宜通，子部宜择，集部宜裁，方志宜选，谱牒宜略”。史学的范围被空前地拓展到了历代经典、州县志书、官府案牍、金石图谱、歌谣谚语、私家著述等各个方面。

史学领域的空前拓展，并非杂乱无章，而是有着严格区分的。这就是：以博稽言史，为史考；以文笔言史，是史选；以史实言史，为史纂；以议论言史，是史评；以体例言史，是史例。而只有通古今之变，独断于一心，垂之后世的，才是史学，其核心是史意。据此，书中把史家著述分为“著作之史”（又称为“撰述”）、“纂修之史”（又称为“记注”）两大基本类型。著作之史即“撰述”的要求是“圆而神”，能融会贯通，富于创见；纂修之史即“记注”的要求是“方以智”，要据事直书，给人以知识。但其总的要求是二者相统一：“记注藏往似智，而撰述知来拟神”。

其二，论史家所长，强调著述者心术。第三章曾经谈到刘知几的“史才须有三长”说，章学诚则认为“才、学、识三者，得一不易，而兼三尤难”。同时又以刘知几所说的史才三长，“犹未足以尽其理”，因为“能具史识者，必知史德。德者何？谓著书者之心术也。”如果只知“竞言才、学、识，而不知辨心术，以议史德，乌乎可哉！”就是说，心术不正，即便有思想观点，材料丰富，文笔也好，也只能是“秽史”、“谤书”。那么，章学诚对“心术”的解释又是怎样说呢？书中写道：“当慎辨于天人之际，尽其天而不益以人也。虽未能至，苟允知之，亦足以称著述者之心术矣”（《史德》）。这里的“天”，是指客观存在的事实；其所谓“人”，是指人的主观认识和思想感情。“尽其天而不益以人”，就是要求尊重客观事实，不掺杂个人主观意识。即便不可能完全做到，只要力求以事实制约感情，也足以称得上是有“心术”。由此可见，章学诚提出的“史德”和“心术”，早已超出道德品质的范畴，而是着重于著述者主观认识与客观事实的统一。

这在古代史学发展中实在是难得的认识，似乎成为检验历代史家“心术”的测试仪。

其三，崇尚通史之风，主张变革史书体裁。与刘知几贬抑通史正相反，章学诚推崇郑樵的“会通”之旨，提出通史之修有“六便”即免重复、均类例、便铨配、平是非、去牴牾、详邻事；又有“二长”即具剪裁、立家法。但同时，他还指出通史有“三弊”即无短长、仍原题、忘标目（详见《释通》）。通过对历代史书体裁演变的考察，看到被官府垄断的纪传体“不思所以变通之道”（《书教下》），提出改革的设想：本纪兼采编年与纪事本末的优点，以纪为经，以传为纬，但“非区辨崇卑”，而传则兼述事、叙人、记言，还要有图表。

其四，重视目录学辨章学术、考镜源流的作用。章学诚所著《校雠通义》因失盗，已经残缺不全，但已足以见其对古代目录学、校雠学的重视程度。在保存下来的《校雠通义》叙文的开头，就这样写道：“校雠之义，盖自刘向父子部次条别，将以辨章学术，考镜源流，非深明于道术精微，群言得失之故者，不足与此。”在《籍书园书目序》中，又强调“求其书者可即类似明学，由流而溯源，庶几通于大道之要，而有以刊落夫无实之文词，泛滥之记诵，则学术当而风俗成臭。”本着这样的宗旨，章学诚入毕沅府之后，便借助毕沅之力编纂《史籍考》，“取多用宏，包经而兼采子集”，计分 12 部，部下又分若干类别，总为 325 卷。终因毕沅先卒，此书未得传世，但就所知《史籍考》的情况，已经表明这是一部辨章学术、考镜源流的史部目录学之作了。

其五，强调方志为史体，提出修志十议。章学诚不仅以其修纂方志作为他的史学示范之作，还从修志的实践中积累了经验，形成独到的方志理论。他不同意方志是地理书，只应考其地理沿革的说法，而是认为“方志如古国史，本非地理专门”（《记与戴东原论修志》）。之后，进一步指出方志应有体例，并为其立“三书”，即志、掌故和文征。在编纂《湖北通志》时，“三书”的类别趋于完备。“志”包括纪、图、表、考、政略、列传各部门；“掌故”包括地方行政的档案规程，分吏、户、礼、兵、刑、工各部门；“文征”包括正史列传、经济策划、词章诗赋、近人诗词等。“三书”之外，另立“丛谈”，附“稗野说部之流”，作为补充资料。关于修志的指导思想，专有《修志十议》一篇，提出修志的“二便”、“三长”、“五难”、“八忌”、“四体”、“四要”，并分“十议”以议职掌、考证、征信、征文、传例、书法、援引、裁制、标题、外编。为了确保资料的搜集、保存和修纂，章学诚还提出修志的常设机构问题，主张设志科专司其事。

章学诚“不以风气为重轻”著《文史通义》，把古代史学理论推向顶峰，既对先前的史学作出系统总结，又预示着“乾嘉后思想解放”（梁启超《清代学术概论》），成为一个划时代的标志。

清前期200年间的史学，确实成绩可观，超过以往任何一个朝代甚至好几个朝代。可是国门一旦被打开，便发现在此同时，旧世界真正地“天崩地解”了。这一时期，西方的史学家大都是思想家，因而极大地推动着历史哲学的兴起，影响久远。马克思、恩格斯创立的唯物史观，这时也已诞生。习惯于纵向比较，沾沾于清前期的史学，是一种封闭型的思维方式。如果改换视野，作横向对照，则只能说此间的史学是在传统中兜圈子、找出路。成绩再大，出路依然渺茫。紧闭的国门虽然禁锢了国人，却挡不住洋人，终于被洋枪洋炮轰开了。

九　晚清民初史学的剧变

19世纪中叶，西方殖民主义者硬要轰开东方古国紧闭着的大门，极不情愿打开国门的清皇朝在洋枪洋炮面前“开门揖盗”。这是一次比200年前明清交替更加深刻的“天崩地解”，社会开始了急剧的变化。自此我国史学发展进入了一个剧变的时期。

1　突破传统格局

在新的“天崩地解”出现之际，习惯于向传统讨教的思维方式，使人们又一次举起明清之际曾经打出过的“经世致用”的旗帜，力图挽救垂危的旧统治。于是以龚自珍、魏源为代表的一批学者，开始改变乾嘉时期史学的格局。

早在鸦片战争前夕，龚、魏等人已经从清廷的腐朽中察觉到社会的危机，便求助于传统的“公羊三世说”，赋予新的解释，以其中的变易观点指斥晚清社会处于“衰世”、“末世”，必须“变法”、“改革”，强调“自古及今，法无不改”，“天下无数百年不弊之法，无穷极不变之法”。要“探世变”，“必先为史”，但不是埋头“琐碎饾饤”的考据之学，而是要把目光转向“天地东西南北之学”。当第一个割地赔款条约《南京条约》签订之际，龚自珍已经逝去，魏源却写成《圣武记》14 卷，为清代史学中第一部探索本朝盛衰的历史著作。前 10 卷历述清初以来用兵胜败之事及军事制度，以寻求兴衰的原因；后 4 卷为武事余记，评论练兵、整军、筹饷、应敌驭夷等问题。为“扬武王之大烈”，书中出现两大错误：一是将中俄尼布楚条约确定的原属中国领土，说成“东北数千里化外不毛之地”；二是反复引用郑经、雍正之语，说：“台湾自古不属中国”。

鸦片战争的结局，竟然使“赫赫天朝”大挫于“区区岛夷”，再也不能够安坐井底而无视天下之大了。在“放眼看世界”的呼声中，魏源推出了另一部更具影响的巨著——《海国图志》。最初为 60 卷，后经两次增订，扩充为 100 卷。书分两大部分：《筹海篇》及各总叙、后评和文中夹注，为魏源自撰；资料部分汇集了当时所能得到的外国史地资料，为全书主体。编排由近及远，先南洋、印度，次非洲，次欧洲，次南北美洲，又分类介绍战船、火炮、火轮、水雷、望远镜等西洋技艺。魏源强调：“欲制外夷者，必先悉夷情始。”以 66 卷的篇幅详录当时世界各国概况，使闭塞已久、孤陋寡闻的国人大开眼界。书中还称赞北美的民主制度，谓其“章程可垂奕世而无弊”。书中图文相兼，介绍西洋技艺，贯穿的是“师夷之长技以制夷”

的思想，这也成为国人向西方学习真理和科技的起点。《海国图志》的划时代意义在于它突破了传统史学的旧格局，跨出了中国认识近代世界的重要一步。

在龚、魏的影响下，史学由国史转向外史。与《海国图志》一道显示世界史地研究趋势的，是梁廷枏的《海国四说》和徐继畬的《瀛环志略》。徐继畬《瀛环志略》与魏源《海国图志》，两书并行，各有所长。

到了19世纪60年代，清廷被迫开始“师夷之长技”的“洋务运动”。在“洋务运动”中，应运而生的是有关“夷务”和探讨“夷务”的著述，最有名的便是后来编辑成书的《筹办夷务始末》和《清季外交史料》，系统地保存了鸦片战争至清末的近代外交史料。较早自成一家的外交史著，当推王之春的《国朝柔远记》20卷，又名《国朝通商始末记》。前18卷编年记录顺治元年（1644年）至同治十三年（1874年）清廷的对外交涉之事，附编2卷为《瀛海各国统考》、《沿海形势略》，有图说。另有屯庐主人的《五千年中外交涉史》，辑录了上自黄帝下迄八国联军庚子之乱的外交史事，对古今外交大势作一通盘考察。这都是对传统史学领域的突破，成为此后中外关系史研究的先导。

洋务运动不仅打开了国人的眼界，更使国人走向世界，兴起了以实地考察为主要特征的外国史研究。19世纪70~80年代，王韬的《法国志略》、《普法战纪》，黄遵宪的《日本国志》，成为这一领域的代表作。

他们的共同之点是在“借法自强”的宗旨下，“求其盛衰升降之故，成败胜负之端”（《普法战纪》代序），“详今略古，详近略远，凡涉西法，尤加详备”（《日本国志·凡例》）。考察西方近代政治体制和物质文明，是其重点，不吝篇幅。王韬一面称赞“君民共治”的立宪制是“欲其国之永安久治”的“第一要义”，一面又强调西史间及民间琐事，如各类发明，都是其记载中不可偏废的内容。黄遵宪同样认为日本议会“以公国是，而伸民权，意甚美也”，又指出“举一切光学、气学、化学、力学，咸以资工艺之用，富强也以此，强兵也以此”。在此同时，不是孤立地写国别史，而是在用全球战略的眼光论述西方或东方的“列国形势情实，赅括无遗”。虽然在编纂形式上他们基本不离传统的体裁，但没有了中国是世界中心的传统观念，彻底打破了传统史学的格局，开拓出史学研究的新视野，对中国史学迈向近代化作出贡献。

史学突破传统格局，还有一个成就突出的方面，即由内地转向边疆，关注西藏、新疆。其中，以姚莹《康辀纪行》、张穆《蒙古游牧记》、何秋涛《朔方备乘》最为著名。

光绪中叶（19 世纪 90 年代）以来的蒙古史、元史研究，展示出由乾嘉考据逐步向近代蒙古学研究迈进的趋势。这时出现蒙元史热，除了旧有元史疏漏较多的学术原因外，主要是清廷用事大臣不懂地理边务，仅仅中俄伊犁交涉和几个勘界议定书，就不战而拱手让出西北 7 万多平方千米的疆土。因此，研讨西北史地（元朝旧壤）便成为注目的问题。终光绪之世，研究不出二途。一是以考证史事和整理文献为主，集中在对《元朝秘史》的考释、对《圣武亲征录》的校注和对《蒙古源流》的疏证上，解决了大量因蒙汉翻译和辗转传抄造成的名称、制度和俗语等的文字与读音的疏误，钩稽出一些鲜为人知的史事。在运用外文资料进行考释订补方面，以洪钧的《元史译文证补》最为有名，首开“用西方之资料，以证中国之史实”的风气。书虽未及最后定稿，却有将“元史学”推向具国际范围的“蒙古学”的意义。二是以新修蒙元史为主，出现了屠寄的《蒙兀儿史记》。1911 年初刊本 48 卷，纪 7 卷、传 38 卷、表 2 卷、志 1 卷。后增补凡例、目录和列传 9 卷。屠寄卒后，余稿经其子整理，陆续刊行，终成 160 卷，已是民国中期。其书编纂，“不囿有元一代，故不曰元史”（《凡例》），突破旧有《元史》格局，创成蒙古通史。最早系统地提出“蒙古出于东胡”的认识，增多元朝建立以前和元亡以后蒙古的史事。在广集中外史料和前人研究成果方面，明显地优于柯劭忞《新元史》。自撰史文自作注，犹如《通鉴考异》，考证精详，也是诸家蒙元之作所不及。书中的“自今而往，继清而起者，勿恃同种相爱，逞其一家天下之私，谓之二世三世至于千万世，可传之无穷”（《忽必烈可汗本纪下》）的思想，以及超脱“夷夏之防”的偏见，将辽、金、元、清等民族政权与汉族政权一视相待的观念，既反映民国年间的意识，又是对传统史学思想的极大冲击。《蒙兀儿史记》在国际“蒙古学”

界享有的声誉，表示我国的蒙元史学发展已经开始汇入近代国际学术潮流。

2 “新史学”的兴起

20 世纪初，中国史学第一次发生前所未有的重大飞跃，以一股极富生气的新思潮，宣告了具有不同时代意义的“新史学”的兴起。

新史学思潮的兴起，是以对传统史学的不满和要求改变为发端的。早在戊戌变法之前，梁启超就已不断指出，中国旧史“所重在一朝一姓兴亡之由，谓之君史”，西国之史“所重在一城一乡教养之所起，谓之民史”；中国上千年来民史“几绝”，而“君史之敝极于今日”，“不过为一代之主作谱牒”（《变法通议·论译书》、《续译列国岁计政要叙》）。严复也批评“前史体例”只书“君公帝王之事”而不载“民生风俗之端”。戊戌变法以后，批评传统史学日渐增多，以至罗振玉、王国维也在翻印《支那通史》序中说，司马迁《史记》之后历代载籍如海，“只为帝王将相状事实作谱系”，“其不关体要亦已甚矣”。同样的认识渐渐汇聚，终于在 20 本世纪最初的几年间形成“史界革命”的新潮流。冲在潮流最前端的，是梁启超及其提出的“新史学”。

梁启超（1873～1929 年），字卓如，号任公、饮冰室主人，广东新会人。少年时代接受传统教育，成年以后先是兼收中西学，继而又以吸收西学为主。

1901 年、1902 年，梁启超接连推出《中国史叙论》、《新史学》，高呼“史界革命”，猛烈抨击传统史学，大力提倡“新史学”。

在这两篇震动一时的论史篇章中，系统地清算了两千年来的中国旧史学，痛斥“二十四史”“曾无有一书为国民而作者”，所记都是那些“有权力者兴亡隆替之事”，“真可谓地球上空前绝后之一大相斫书”。梁启超归纳旧史学思想内容上有“四蔽”，编纂形式上有“二病”。所谓“四蔽”，一是“知有朝廷而不知有国家”，二是“知有个人而不知有群体”，三是“知有陈迹而不知有今务”，四是“知有事实而不知有理想”。其实质，“一言以蔽之曰：自为奴隶根性所束缚，而复以煽后人之奴隶根性而已。”其“二病”，一是“能铺叙而不能别裁”，分不清史实的轻重主次；二是“能因袭而不能创作”，除司马迁、杜佑、司马光等少数人外，大都“陈陈相因”，少有创意。这样的史书只能充当帝王的“政治教科书”；这样的史学充其量是一种帝王学。因此，他大声疾呼：“史界革命不起，则吾国遂不可救，悠悠万事，惟此为大。”这两篇史论一出，立即引起极大的共鸣。《新民丛报》转载新加坡《天南新报》的文章《私史》，以中国旧史“把数千年事务，作一人一家之谱而为之，一切英雄之运动，社会之经练，国民之组织，教派之源流，泯泯然，漠漠然，毫不关涉”，“甚矣，中国之无公史！”黄炎培、邵力子、张伯初等指出，“二十四史于兴灭成败之迹，聒聒千万言不能尽，乃于文化之进退，民气之开塞，实业之衰旺，概乎弗之道也”，“恫哉，我国无史!”（支那少年编译《支那四千年开化史·弁言》）邓实更把批判矛头指向旧史学的专制主义，“史在朝廷，史局由朝廷诏设，史职由朝廷特简，监修有官，分纂有官”，帝王“举天下之史而专制之”，“中国之史遂专为君主一人一家永有之物”（《民史总叙》）。所有这些批判开始从根本上动摇着旧史学的基础。

在系统清算传统史学的同时，梁启超以进化论思想为原则，建立起“新史学”的基本理论。其理论的根本点是，主张为“国民”写史，改变只为帝王提供“资鉴”和进行伦理纲常说教的状况，“贵其能叙一群人相交涉、相竞争、相团结之道，能述一群人所以休养生息、同体进化之状”。为此，他提出了一个崭新的史学命题：“历史者，叙述人群之进化现象，而求得其公理公例者也”。就是说，史学要注意从错综纷纭的历史现象中寻得其发展变化的因果关系，“说明事实之关系及其原因结果”，“探索人间全体之运动进步，即国民全部之经历及其相互之关系”。围绕上述宗旨，“新史学”家们提出一系列具体主张，大大地充实了“新史学”理论。这些具体主张，可以归纳为四：其一，观念上，主张以进化论历史观为指导，反对复古倒退或“一治一乱”的传统史学观。其二，内容上，要求突破以帝王将相为中心、治乱兴衰为主干的传统格局，把记述范围扩大到智力、产业、工艺、美术、学术、宗教、风俗、教育、交通等人类生活的各个方面。其三，方法上，主张充分吸收地理学、地质学、人类学、考古学、语言学、政治学、宗教学、法律学、经济学以及伦理学、心理学、社会学乃至生物学、化学、数学等近代科学新成果和新方法。其四，形式上，反对因袭模拟旧史体，主张创新编写体例。综观“新史学”的主张，是要从思想观念、记述内容、编纂形式等方面，彻底改造传统的旧史学，以适应中国社会走向近代化的需要。

在“新史学”思潮的推动下，史学迈开了近代化的步履，在短短的数年间便取得了一些初步成果。在探讨近代史学理论方面，继梁启超《中国史叙论》、《新史学》之后，又有陈黻宸的《独史》和《读史总论》、邓实的《史学通论》、马叙伦的《史学总论》和《世界大同说》、汪荣宝的《史学概论》等；国外的史学理论著述，如英国实证史家巴克尔、日本近代史家浮田和民等的论著，纷纷被翻译介绍进来。

在改造旧史，编写新体中国通史方面。梁启超在1901年就“欲草一中国通史”，《中国史叙论》即其通史的“叙论”。梁启超所拟“中国通史目录”，分三大部：政治之部，包括朝代、民族、地理、阶级、政制组织、政权运用、法律、财政、军政、藩属、国际、清议及政党；文化之部，包括语言文字、宗教、学术思想、文学、美术、音乐剧曲、图籍、教育；社会及生计之部，包括家族、阶级、乡村都会、礼俗、城郭宫室、田制、农事、物产、虞衡、工业、商业、货币、通运。1902年夏，章太炎在致梁启超的信中提出，“惟通史上下千古，不必以褒贬人物、胪叙事状为贵”；而其所贵者，“一方以发明社会政治进化衰微之原理为主”，“一方以鼓舞民气、启导方来为主”。信末附以“中国通史目录”，分五大部分。五表：帝王、方舆、职官、师相、文儒。十二典：种族、民宅、浚筑、工业、食货、文言、宗教、学术、礼俗、章服、法令、武备。十记：周服、秦帝、南胄、唐藩、党锢、革命、陆交、海交、胡寇、光复。九纪：秦始皇、汉武帝、王莽、宋武帝、唐太宗、元太祖、明太祖、清三帝、洪秀全。二十五别录：管商萧葛、李斯、董公孙张、崔苏王、孔老墨韩、许二魏汤李、顾黄王颜、盖傅曾、王猛、辛张金、郑张、多尔衮、张鄂、曾李、杨颜钱、孔李、康有为、游侠、货殖、刺客、会党、逸民、方技、畴人、叙录。(《訄书·哀清史》并附录)

重新编写中国通史的种种设想，在适应新式教学需要的情况下，最先以教科书的形式问世了。1903～1906年间，先后出版有曾鲲化的《中国历史》、夏曾佑的《中国历史》（即《中学中国历史教科书》)、刘师培的《中国历史教科书》，成为尝试编写新形式中国通史的代表。其中，曾、刘二史只写至春秋战国前后，夏曾佑则写至隋，受到更多的重视。《中学中国历史教科书》是夏曾佑一生最重要也是唯一的史学著述，共3册，1904～1906年由商务印书馆出版。1933年，商务印书馆将其列入“大学丛书”，改名《中国古代史》，重排出版。全书“总以发明今日社会之原为主”，“其纲只三端”：一为详于历代兴亡而略于一人一家之事，二为举略中国境内周边各族，三为关乎社会的宗教、风俗之类的变化。夏曾佑以今文经学与社会进化论相结合的历史进化观点，将中国古代史分为上古（自草昧至周末）、中古（自秦至唐）、近古（自宋至清）三大时期和传疑（自开辟至周初）、化成（自周中叶至战国）、极盛（自秦至三国）、中衰（自晋至隋）、复盛（唐室一代）、退化（五代与宋元明）、更化（有清一代）等七期。其书分篇、章、节叙事，虽是半部通史，也已显示出与传统的旧史全然不同的面貌，因而严复称其为“旷世之作”，梁启超也称赞夏曾佑“对于中国历史有崭新的见解”。与历史进化观点相辅，书中还明显地表现出了作者的文化史观和英雄史观。

民国初年的蜕变

虽说新陈代谢是宇宙万物运行的基本规律，但自近代中国以来，新旧更替似乎大都是新形式下掩藏旧内容。造成这种“新瓶装旧酒”的根本原因在于：旧有的一切不仅根深蒂固，难以动摇，而且形成传统，渗透到社会生活和思想文化的各个角落；新生因素则大都缺乏根基，自身尚且浅薄，何以彻底改造旧传统。再加以执政者缺乏自信力，总怕“亡国亡学”，从维护其统治地位出发，人为地提倡旧传统。“旧货色外面新包装”，便成为近代中国新陈代谢的一种基本形式。不要说旧体制尚未变革之前，就是推翻了帝制之后，社会根基丝毫未触动，必然要出现共和外衣下的复辟，大总统当皇帝的闹剧。此间的史学自然不会例外。更何况自宋元以来，就形成“国可灭史不可灭”的传统，借着修史为亡国之君唱挽歌。于是，民国初年的史学，呈现出了一种复杂的情景。

先前主张变法维新的，疾呼“史界革命”的，为“新史学”体系作出尝试的，差不多无一例外地都唱起了反调，大有痛改“前非”之势。袁世凯大搞复辟帝制活动，思想文化领域掀起尊孔读经的复古思潮与之呼应。当年的维新派首领康有为此时成为尊孔读经潮的代表，发起成立全国范围的“孔教会”，自任会长，再三呼吁“发扬国粹，维护国俗，定孔教为国教”，并直接参预1917年的张勋复辟活动，认为辛亥革命推翻满清皇朝是“全法欧美而尽弃国粹”。梁启超于1920年从欧洲游历归来，也声称欧洲的文明已经破产，只有用东方的文明即传统文化才能救中国。章太炎作为一位“国粹派”的史学大师，也因“谨守家法之结习甚深”，至晚年主张尊孔读经，反对新文化运动，终致“身衣学术的华衮，粹然成为儒宗”。

在这一复古思潮的掩饰下，旧史学承接乾嘉时期的余绪，使得兴起不久的“新史学”遭到冷落。修补旧史方面，继乾嘉学者订补各“正史”表、志之后，又有一批学术价值较高的成果被收入《二十五史补编》。其中，有不少超过乾嘉学者水平的补作，如杨守敬的《汉书地理志补校》、《隋书地理志考证》等。校注整部“正史”的，成绩卓著者当数在此前后由王先谦所作《汉书补注》、《后汉书集解》。新修史书方面，出现了三部引人注目的旧史，下面依次略作介绍。

《新元史》257 卷，柯劭忞撰。光绪年间，柯劭忞在当时的“元史热”中即已开始着手改写旧《元史》。辛亥革命后，他以清末遗老自居，曾任《清史稿》总纂官，1920 年完成《新元史》的改写。其时，正值北洋政府徐世昌为大总统，下令以《新元史》与《元史》一并列入“正史”，于是有“二十五史”之说。其书编纂，完全仿照《元史》，只增立了《序纪》、《氏族表》、《行省宰相年表》和记西南边族的《蛮夷列传》，调整了部分志、表、传的类目，志的内容充实，人物增多近千人。此书特点是取材广泛，除当时元史学者共同重视的蒙元史料之外，还利用《元经世大典》残篇和金、元、明初的文集、方志、金石铭刻。外文资料方面，除《元史译文补证》之外，还引用了拉施特《史集·部族志》、多桑《蒙古史》等，因以被号为集民初元史研究大成之作。但其书从思想观念和编纂形式，完完全全属于旧史学的余绪。书虽成于民国年间，不仅署以“赐进士出身、日讲起居注官、翰林院侍读”等衔，书中凡提到清朝或清帝，还恭称“我大清”、“皇清”、“我高宗纯皇帝”，并一律提行抬头。柯劭忞发议论，也都冠以“史臣曰”的字样。已有屠寄的《蒙兀儿史记》在前，取材丝毫不逊于《新元史》，柯劭忞却仍然囿于元朝一姓的兴衰来改写旧史，不能说不是一种复旧意识的反映。在新增内容的同时，又删除了《元史》中不少重要记载。加之取材既无出处，又缺考异，错谬较多，深为后来的蒙元史学者所指责。

《清朝续文献通考》400 卷，刘锦藻撰。第四章讲“三通”系列，已经介绍了“续三通”、“清三通”。其中，《续文献通考》止于明末，《清朝文献通考》止于乾隆五十年。刘锦藻以个人之力，自光绪中后期始，集 28 年之功，于 1921 年续修成《清朝续文献通考》一书，记事起于乾隆五十一年，止于宣统三年清亡。编纂体例依《清朝文献通考》，于 26 个类目之外，新增加了外交、邮传、实业和宪政等 4 类，称为“三十考”。30 个大类目之下，又分了近 200 个细目，不少是因变化了的情况而增立的。如征榷、国用、学校等“考”（大类目）中所增厘金、洋药、银行、海运、书院、学堂等细目。邮传、实业二考，较系统地记述了民族工业、航运、铁路、邮政等的兴办经过。宪政一考，历述了清末的改良活动及影响。四裔、外交二考，详记了中外接触的种种活动，包括外交史乃至海外华工史的珍贵史料。经籍一考，改进编纂方法外，子部杂家类列入清朝所刻丛书 113 种，包括几千部几万卷书，是《四库全书总目》之后的又一重要图书著录。刘锦藻身处清末民初，终以清朝遗老自居，使其书多因循旧史而少推陈出新。不过社会的剧变又在书中留下明显的痕迹，成为近代社会中普遍存在的“增其新而不变旧”的典型。

《清史稿》529 卷，可谓民国年间旧史学回潮的代表。1914 年，袁世凯允准国务院呈文，设立清史馆，并以总统名义延聘前清东三省总督赵尔巽为史馆总裁（后改称馆长）。赵尔巽则以“图报先朝”为念，先后聘请柯劭忞、缪荃孙、吴廷燮等百余人参加修纂。受聘之人除极个别的以外，几乎全是清朝遗老，“多以元遗山自况，用修史以报故君”（孟森《清史稿应否禁锢之商榷》）。经历 14 个年头的编纂，至 1927 年北洋政府垮台前夕，大致完成初稿。赵尔巽虑及“时局多故”和自己行年垂暮，决定刊成《清史稿》，初为 536 卷，后抽去《时宪志》所附“八线对数表”7 卷，为 529 卷。其书将《清实录》、《清会典》、《国史列传》、地方志和档案中的大量资料汇集整理为较为详细系统的史稿，颇有参考价值，尤其是有些志、表和清末人物，取材并非常见史料。但作为史稿，未经复核改定，仓卒付印，因而体例不一，繁简失当，并有年月、事实、人名、地名的错漏颠倒以及文理不通的现象，史事论断也多错误。由于修纂人趁乱偷改、抽换、私作等情况，使得这部史稿有三种版本，即“关内本”、“关外一次本”、“关外二次本”，内容略有不同。中华书局校点本以“关外二次本”为底本，三本互异处均有附注，录出异文。该书的修纂旨在为清朝树碑立传，称“我大清定鼎二百余年，武功赫奕，拓土开疆，文教昌明，轶唐绍汉”。（于式枚、缪荃孙等《谨拟开馆办法九条》）。本纪中，称颂康乾之世为“古今所未有”还算说得通；而说光绪“恩义兼尽，度越唐明远矣”，显然是“惓惓于故君之情”，不顾史实了。民国年间修史，竟然以亡清的立场来诋毁民国的开创，称辛亥革命是“谋乱于武昌”，真可谓“开前古绝无仅有之例”（孟森《清史传目通检》）。在编纂体例的确定上，虽有梁启超主张采用新史体，“主德污隆，务存直笔”，但多数遗老则坚持“大体近法《明史》，而稍有变通”，或谓“依据旧史，稍广类目”（朱师辙《清史述闻》卷1《讨论体例》）。这就是今天看到的，新增交通、邦交二志，军机大臣、疆臣、藩部、交聘四年表以及畴人一类传。鉴于《清史稿》的上述思想和立场，国民革命军进入北京后，以故宫博物院接收清史馆，经审阅后呈文请求“严禁”《清史稿》发行，指出其修史者“忠于前朝，乃以诽谤民国为能事”。观念上的复旧和学术上的失误，使这一部头最大的官修纪传体“正史”成就大大逊色于先前的“二十四史”，证明旧史学纵然有所回潮，仍然难以逃脱没落的趋势。

顺便提一句，此间的学术史也在复古思潮中起着呼应作用。徐世昌、吴廷燮等所修《清儒学案》，虽然是接续黄宗羲《明儒学案》，却以“重儒重道”为宗旨，大唱“圣贤义蕴”的老调。

十　新旧史学的剧烈碰撞

几乎就在旧史学回潮的同时，新史学的发展出现了前所未有的盛况。中国史学再也不可能固步自封了，开始与国际间的思想文化发展紧密相联，多渠道地接受其种种影响，形成各种史学观念和史学群体的剧烈碰撞。

1　国外史学观念传入

辛亥革命推翻了帝制的政治统治，却没有触动帝制的经济基础，因而有意识形态上的回潮。然而，“民主与科学”是世界历史潮流，正在以不可阻挡之势冲撞着中国的旧传统、旧观念，在中华大地上掀起了一场规模空前的新文化运动。如果说此前的国人从西方思想学说中搬来进化论、天赋人权论等，是在寻求“经世救亡”之策的话；那么此后的国人则是依据世界形势和中国现实在致力于寻求改造自身社会的思想学说。当此转折之际，在呼唤“民主与科学”的大潮中，国外较有影响的各种思想学说纷纷被引进来了。

20世纪20年代前后，影响较大的西方思想学说主要有：孔德的实证主义、李凯尔特的新康德主义、柏格森的生命哲学、杜里舒的新生机主义、杜威的实用主义、罗素的社会改良主义，以及赫尔德的历史哲学、朗普勒西特的文化史观、鲁宾逊的多元史观，等等。当时，梁启超、胡适等邀请杜威、罗素、杜里舒等来中国讲学，传布他们各自的思想观点。有的讲演录被译成中文，刊载于一些著名的杂志或报纸上。《新青年》、《国民》、《改造》等还曾翻译介绍过西方的史学名著和史学原理。这些思想学说对当时国内各种史学观念或史学群体的形成，都曾起到过一定的影响。

在此同时，马克思、恩格斯创立的思想学说也传入中国，并得到广泛传播。早在20世纪初，《新民丛报》、《民报》等刊物已经对马克思主义的某些观点作过零星介绍或报导。当时翻译出版的有关社会主义学说的书籍主要都是日本人所著，如《近世社会主义》、《社会主义神髓》等。这些零星介绍和译著，最初尚未引起多少注意。随着新文化运动和"五四"运动的扩展，马克思主义得到更为广泛的传播。1919～1920年，李大钊在《新青年》等刊物上连续发表《我的马克思主义观》、《唯物史观在现代史学上的价值》、《马克思的历史哲学》、《史观》、《物质变动与道德变动》和《由经济上解释中国近代思想变动的原因》等文章，随后又在各大学课程中系统介绍和传播马克思主义的基本原理。蔡和森的《社会进化史》，李达的译著《唯物史观解说》、《社会问题总览》和《马克思经济学说》

等，都是传播马克思主义基本原理的著述。稍后，瞿秋白、恽代英、萧楚女等也都有论著或译著出版，为传播马克思的思想学说作出贡献。据不完全的统计，整个20年代，公开出版的马恩列斯的译著多达80余种。就连国民党创办的《建设》杂志，也刊载了不少介绍和研究马克思学说的文章。马克思主义的传播，在当时成为一股巨大的潮流。有一位叫杨端六的人，对此现象作过如下的描述："以我国思想界之迟钝，输入西洋之学说，殆莫不经过多少阶级（段）而始得其一知半解之理想，而社会犹反对之。今不数年，而马克思之名喧传全国，上自所谓名士，下至初级学者，殆无不汲汲于马克思学说之宣播"（《马克思学说评》）。

当此国外各种思想学说纷纷传入中国之际，关于史学理论和史学方法的探讨成为当时学术领域内最热门的话题。有条件的文科大学都开设了历史哲学、历史研究法一类的课程。北京大学，在校长蔡元培对各种思想学说采取"兼容并包"的方针下，既有李大钊讲授其"唯物史观研究"、"史学要论"和"史学思想史"，又有何炳松以鲁宾逊《新史学》为教材的史学原理和历史研究法。整整10年间，差不多年年都有关于史学原理或史学方法的论著推出。其中，较有名的如李泰棻《史学研究法大纲》（1920年），梁启超《中国历史研究法》、《历史统计学》、《研究文化史的几个问题》（1921～1923年），李大钊《史学要论》（1924年），梁启超《中国历史研究法补编》（1925～1926

年)，朱谦之《历史哲学》(1926年)，何炳松《历史研究法》(1927年)，罗元鲲《史学研究》(1929年)，等等。翻译国外史学理论或史学方法的译著，主要有郭泰著《唯物史观解说》、鲁宾逊著《新史学》、约翰生著《历史教学法》、朗格诺瓦与瑟诺博司著《史学原论》、塞利格曼著《经济史观》、普列汉诺夫著《史的一元论》、绍特威尔著《西洋史学史》、施亨利著《历史之科学与哲学》、瑟诺博斯著《社会科学与历史方法》等。(详《八十年来史学书目》) 大量的译著和以各种"新理论"、"新方法"所写的"新论著"，使得当时的史学领域呈现出一种众流争渡、相互碰撞的局面。何炳松对此有过一段形象的概括，说："对于西洋史学原理之接受，正与一般政治学家、经济学家、新文学家同，一时顿呈饥不择食、活剥生吞之现象。"这种取其皮毛或生搬硬套的状况，虽然使人感到"学说纷纭，莫衷一是，大有处士横议，百家争鸣之概"(何炳松《通史新义》序)，但终究缺乏融会贯通，不能建立新的学说体系。针对这一现象，李大钊才在《史学要论》一书中"严正"地提出"建立历史科学"的"整齐的系统"的问题，并详细地构想了"历史学的系统"。李大钊的构想今天看来尽管有模糊与矛盾之处，但毕竟是第一个唯物史观的中国史学体系。

 本土文化遗存的发现与整理

在国外各种思想学说和方法论纷呈的同时，数量

众多的中国本土古代文化遗存陆续被发现，并开始了系统的整理。对此，王国维称之为：“今日之时代，可谓发见之时代，自未有能比者也”（《论近年之学术界》）。当时的新发现，主要集中在以下几个方面。

其一，史前遗址的陆续发现。1921 年秋，发现“仰韶文化”遗址。1923 年，发现“河套人”。随后，在甘肃、山西等地，陆续有新石器时代遗址被发掘。1927 年，在北京周口店龙骨山洞穴首次发现“中国猿人”遗骸。两年之后，古生物学家裴文中在该处发现猿人的第一个头盖骨。后来，在山顶洞穴内又发现 8 个人类个体，较完整的有 1 具男性老人、2 具女性，属“新人”阶段，为蒙古人种的祖先，被称为“山顶洞人”。1928 年起，在山东、河南等地多次发掘，发现“龙山文化”遗存多处。这些史前遗址的发现，使得史学家们眼界大开，将对中国历史的认识向史前推移了若干个世纪。

其二，殷墟甲骨的整理与研究。早在 19 世纪末，河南安阳小屯的农民偶尔发现甲骨，误以为龙骨，用来入药治病。后经古文学家王懿荣辨认，确定为殷商文字而购买收藏。王懿荣死后，所藏甲骨尽为刘鹗（铁云）所有，选拓石印为《铁云藏龟》。罗振玉在此基础上，一面购求，一面又于小屯探采，并开始整理甲骨文字，先后拓印编录《殷虚书契前编》、《殷虚书契菁华》、《铁云藏龟之余》、《殷虚书契后编》以及《殷商贞卜文字考》、《殷虚书契考释》等。王国维编录有《戬寿堂所藏殷虚文字》以及《考释》，其《殷卜辞中所见先公先王考》及《续考》、《殷周制度论》等，则是对卜辞进行综合比较研究之始。自1928年起，中央研究院先后15次对殷墟进行大规模发掘，总共得甲骨24830余片。1929年、1930年，河南博物馆对殷墟也有过两次发掘，得甲骨3650余片。

其三，青铜器的大量出土与著录。1923年，河南新郑、山西浑源等处发现春秋时期的铜器群。新郑所发现的为春秋郑国的器物，100余件。浑源所发现的则为法国商人抢购而去。此间，河南洛阳、浚县、汲县以及安徽寿县、山东滕县等地，也都陆续有铜器群被发现。殷墟发掘的商代铜器数量很多，但被盗出售的也为数不少。其中罕见的大器又多铸有铭文，更是研究铸造时期历史的极有价值的史料。此间出土的青铜器，自1923年陆续著录成书。1923年吴鸿元《新郑出土古器图志》4卷、1925年容庚《金文编》14卷、1927年孙海波《新郑彝器》、1928年罗福成《传古别录》二集、1929年关百益《新郑古器图录》2卷、容庚《宝蕴楼彝器图录》、1930年罗振玉《贞松堂集古遗文》16卷。研究青铜器论著，有1928年马衡《中国之铜器时代》，虽“比罗振玉所用方法更进一步”，但直至郭沫若才建立起殷周青铜器的科学体系。

其四，汉晋简牍和敦煌文书的著录整理。19世纪、20世纪之交，英、法、德、俄、日等国的所谓“探险家”或考古学家，纷纷深入我国西北地区，发现了大批汉晋简牍和手写经卷，并攫往世界各地。其中，劫余残存部分，也陆续被著录出版。有关汉晋简牍的著述，如罗振玉、王国维的《流沙坠简》及《考释》、《补遗》、《附录》以及后来劳干的《居延汉简考释》等。关于敦煌石窟文书，在英、法劫余，又被清政府官员私下出售给日本人一部分。罗振玉从法国人伯希和处陆续得到一部分敦煌写本的胶片，先后编印了《敦煌石室遗书》、《鸣沙石室佚书》、《鸣沙石室古籍丛残》。王国维、刘师培、缪荃孙等人，对此进行了初步考察，并写出题记或提要。1929 年，北京图书馆成立写经组，许国霖等人从未登录的残卷中选出 1190 多件，并辑录出 400 多条写经题记，编为《敦煌石室写经题记》、《敦煌杂录》。1930 年，陈垣将国内搜买、入藏北京图书馆的 8679 件汉文写本，排比编印为《敦煌劫余录》。至于吐鲁番文书，最早发生兴趣的虽是驻疆官员，但那只是一种收藏、鉴赏的态度。自罗振玉起，才对高昌地区文物和历史进行考释和探讨。1928 ~ 1930 年，中国第一次派出自己的考古学家对吐鲁番地区作科学的考古发掘，发表了一些关于高昌文物和历史的考古报告。

其五，明清档案的发现与整理。内阁是明清两代的中枢机构，政令均由其所出。清至雍正帝，内阁权移军机处。明清两代内阁档案均存内阁大库，后因大库年久失修，移藏于清末所置学部（主管教育行政），后又转入历史博物馆。1921 年，历史博物馆积欠经费，将破碎档案分装 9000 麻袋，以 4000 元出售给一家造纸厂。罗振玉以 3 倍的价钱将其买回，几经转手由中央研究院购得，并成立明清史料编刊会，由陈寅恪、朱希祖、陈垣、傅斯年、徐中舒等负责整理，陆续编成《明清史料》四编40册。故宫博物院自1924年起，将清军机处档案选编为《文献丛编》，并陆续出版了若干专辑。

众多本土文化遗存的发现，不仅拓展了中国史学家们的眼界，还改变着对于史料来源、史料范围的传统认识。新史料的发现与整理，在很大程度上决定着史学发展的新趋势，即所谓“一时代之学术，必有其新材料与新问题。取用此材料以研究问题，则为此时代学术之新潮流”（陈寅恪《陈垣敦煌劫余录序》）。国外的思想学说和方法，运用于新发现的古代文化遗存上，使得“新史学”呈现出了更新的新局面。中国史学的发展，在当时超出了其他各种学术的发展。“五四运动以后到抗战前的二十年中，这短短的一个时期，使中国的史学由破坏的进步进展到建设的进步”，成为“中国史学进步最迅速的时期”（顾颉刚《当代中国史学》引论）。

3 主要史学流派及其影响

国外思想学说、研究方法与本土文化遗存一经结合，使得不少有作为的历史学家都取得了新的巨大的学术成就，渐渐形成颇具影响的四个史学流派。

先说疑古学派的兴起。

1923年2月，顾颉刚在胡适主办的《读书杂志》上发表《与钱玄同先生论古史书》一文，提出了“层累地造成的中国古史”说，认为传统的“中国古史”完全是后人一代一代垒造起来的，并非客观真实的历史。这一说法，包括三层意思：一是时代愈后，传说中的古史期愈长；二是时代愈后，传说中的中心人物愈放愈大；三是即便不能知道某一件事的真确状况，也可以知道其在传说中的最早的状况。顾颉刚以“历史的演进方法”对此进行解释，说西周人心目中最古的人只有禹，到了孔子时有了尧舜，到战国时又有黄帝、神农，到了秦代有三皇，至汉以后更出现了盘古，“犹如积薪，后来居上”。这一创见当即引起学界的轰动，胡适、钱玄同、傅斯年、周予同、罗根泽等纷纷表示支持。与此同时，刘掞藜、胡堇人、柳诒征等则撰文反对。于是，出现了古史论战。顾颉刚在《答刘胡两先生》的论战文章中，又补充了“四个必须打破”，即打破民族出于一元的观念，打破地域向来一统的观念，打破古史人化的观念，打破古代为黄金世界的观念。后来，顾颉刚等把有关古史论争的文章和信函编辑成《古史辨》出版，前后共 7 册，收文约 350 篇。

依据上述思路，顾颉刚等“用了文籍考订学的工具冲进圣道王功的秘密窟里”，对于人们历来迷信的儒学经典《尚书》、《易经》、《诗经》以及孔子学说进行了清理，“剥除它的尊严”。尤其是推翻了传统的以尧、舜、禹、汤、文、武、周公为主线的上古史体系，使得中国古史研究从神话传说的迷雾中挣脱了出来。关于古史资料的批判利用，也因此而起了重大变化。顾颉刚清理古史，是将三代以前的古史看作故事和传说，着眼点在于故事演变和传说形成。因此要充分理解其古史研究，就绝不能忽视他的民俗研究，这也正是顾颉刚 20 年代学术研究以民俗探索为主的原因所在。到了 30～40 年代，他又进一步将史学研究领域拓展到历史地理和边疆史地方面，并一手创办了禹贡学会，为历史地理学科的独立发展奠定了初基。

再说考古证史一派的出现及流别。

这一派最杰出的代表首推王国维。王国维（1877～1927 年），字静安，号观堂，浙江海宁人。生前声誉虽远不及梁启超显赫，但死后却成为史学领域内“新旧、左右各派”共同推崇、信服的巨匠。前面已经介绍，19 世纪末 20 世纪初，甲骨卜辞、青铜彝铭、汉晋简牍、敦煌经卷及其他文化遗存，为考证古史提供了新的资料和手段。加之王国维留学日本，受到自然科学方法的严格训练，又深入研究哲学、美学、文学、伦理学、教育学、心理学和社会学，使他形成考证史事的崭新的观点和方法。他认为，殷墟的卜辞“有裨于经史二学”，汉晋简牍对于西北历史地理研究具有重要意义，沙漠上的废址“较前此凭空考定者，依据灼然”，唐代写经文书是考证制度、风俗、宗教、户籍的重要凭据，等等。在这种认识的基础上，王国维提出著名的“二重证据法”，说：“吾辈生于今日，幸得纸上之材料外，更得地下之新材料。由此种材料，我辈固得据以补正纸上之材料，亦得证明古书之某部分全为实录。……此二重证据法，惟在今日始得为之”

(《古史新证》)。运用这一方法考古证史，使其在史学诸多领域都取得了前所未有的研究成果，结束了长期以来古史研究从文献到文献、在神话传说中兜圈子的格局，将古史研究推进到一个新境界。对于王国维的考古证史，不论当时还是至今，一直存在一种误解，认为是继承乾嘉考史方法而来。这在出版《王国维遗书》时，王国华特别在书序中加以纠正："虽有类于乾嘉诸老，而实非乾嘉诸老所能范围。其疑古也，不仅抉其理之所难符，而必寻其伪之所自出；其创新也，不仅罗其证之所应有，而必通其类例之所在。此有得于西欧学术精湛绵密之助也。"王国维的"古史新证"将历史考据学提升到科学方法论的高度，较之乾嘉考史有天壤之别，不可同日而语。

王国维倡导的考古证史方法，后来被许多史学名家普遍接受，推出一大批结合实物与文献进行古史研究的论著。所以，在20世纪40年代中叶，郭沫若总结说："王国维的业绩是新史学的开山"(《古代研究的自我批判》)。

与王国维治学范围和治学方法相近而又互为影响，并结成"风义平生师友间"关系的陈寅恪，也是以考古证史著称于世的。与王国维的最大相同之处，就在于"求本国学术之独立"，认为学术的振兴和独立是关系"吾民族精神生死一大事"。与广聚史料互为表里，他概括的王国维的治史方法，也正是他自己考古证史的方法，即"取地下之实物与纸上之遗文互相释证"、"取异族之故书与吾国之旧籍互相补证"、"取外来之观念与固有之材料互相参证”（《王静安先生遗书序》）。陈寅恪早期治史，主要是考释佛教经典和蒙古史料，以语言比较为主。40年代，陈寅恪的著述大体集中在三个方面：一是长期受史学界重视的隋唐文化、政治史研究，以《隋唐制度渊源略论稿》和《唐代政治史述论稿》为代表；二是诗文史传互证，如《桃花源记旁证》、《元白诗笺证稿》等；三是有关其史学义例的序、跋，如《冯友兰中国哲学史审查报告》、《西夏文佛母大孔雀明王经夏梵藏汉合璧校释序》等，是研究其学术思想的重要依据，却一直未受足够重视。

考古证史一派中，又有异于王国维、陈寅恪风格的陈垣。陈垣始终以宗教史研究为主，时限在唐宋以后，而以元代为重心，故又有元史专家之称。宗教史、元史之外，陈垣史学的根基在目录、校勘之学，兼治年代学和史讳学。继20年代《元也里可温教考》、《开封一赐乐业教考》、《火祆教入中国考》和《摩尼教入中国考》等“四古教考”之后，40年代又成《明季滇黔佛教考》、《清初僧诤记》和《南宋初河北新道教考》等“宗教三书”。至于包括《元西域人华化考》在内的元史研究，数量虽不及宗教史考证，但质量可谓在“四考”、“三书”之上；而《元典章校补释例》（又名《校勘学释例》），迄今仍是这一领域内的经典之作。《通鉴胡注表微》则是其在“（七七）事变后，颇趋重实用”，“欲以正人心，端士习，不徒为精密之考证而已”（《致方豪》）的代表作，旨在“民族大义”。

与考古证史紧密呼应的，还有傅斯年及其领导的中央研究院历史语言研究所（简称史语所）。史语所成立于1928年，傅斯年为其创始人兼终身所长（1928～1950年）。史语所以傅斯年的“要科学的东方学之正统在中国”的思想为宗旨，提出衡量科学研究的三项标准，“因行动扩充材料，因时代扩充工具”，建立起第一个现代体制的国立研究机构，为历史研究规范化和科学化做出重要贡献，并证明“科学的东方学”之仰韶文化、甲骨学之“正统”已在中国，“科学的东方学”之简牍学之“正统”正在回归中国。

学术思想研究，20年代以梁启超为代表。

1920年春，梁启超自欧洲回国，最先草成《清代学术概论》，主要论述乾嘉考据学和晚清今文经学的发展变化，强调“影响及于全思想界者”是“以复古为解放”。4年以后出版的又一论著《中国近三百年学术史》，主要论述了清初各个学术流派的产生及影响，其中有关清代学者整理旧学的成绩，更见搜讨之功力。有的清史研究学者为其没有继续往前走下去而深感惋惜，其实他们并不了解梁启超并非要写什么清代学术史，而是在沿着“复古为解放”的思绪，一下子步入“复先秦之古”的做法中，考察起先秦的思想文化来了。有关太古至战国的3篇《载记》，首先把上古社会从神秘氛围中解脱出来，打破三代是中国历史上“黄金时代”的观念，与“疑古学派”有着不期而同的认识。1922年的《先秦政治思想史》在对先秦各家政治学说深入考察的同时，又以发展的眼光去剖析各家思想，将其政治思想与哲学思想、经济思想以及当时的政治、法律制度联系在一起，并注意与希腊、罗马的古代政治思想进行比较，从中寻出中国古代思想的特点是“以研究人类现世生活之法理为中心”，并不着力于世界本原的探索，因而思辨哲学不发达。梁启超还注意到先秦各家思想在争鸣中的相互吸收和渗透，认为法家是“儒、道、墨三家之末流嬗变汇合而成者”，从儒家继承了“正名分”思想，吸收并改造了道家的“法自然”，使之成为“人为法”，又接过了墨家的“尚同”说，因而形成一种系统的政治学说。

梁启超之后的20年间，关于政治思想史、古代思想学说史、近代思想学说史的研究和论著接踵而出，发展成为历史学的一个重要分支，在学术领域内与哲学史分庭抗礼。

最后，谈一谈学术领域内方法论的一派。

胡适及其《中国哲学史大纲》是20年代这一方面的代表。继其后，他将《红楼梦考证》、《国学季刊发刊宣言》、《古史讨论的读后感》、《治学的方法与材料》4篇收入自编自选的《胡适文选》（1930年）。自称《发刊宣言》是“整理国故的方法总论”，《读后感》是《胡适文选》前三集中“最精彩的（治史）方法论”，《红楼梦考证》是其“考证方法的一个实例”和“杜威的思想方法的实际应用”，《方法与材料》是其由注重方法转向以方法与材料并重的标志。《中国哲学史大纲》一书，虽然胡适本人视之为哲学史的“开山”之作，但在学术界的实际影响却是其重方法的取向。本章第一节所说国外思想学说传入引起的方法论“热”，恰恰是继胡适《大纲》一书而起。郭沫若称其书在“中国的新学界”曾经起过“支配”作用，显然也是从其重方法的取向上说的。

在这当中，何炳松及其传播的鲁宾逊“新史学”方法，差不多影响着三、四十年代国内“史学概论”一类的著述。而何炳松的《历史研究法》一书虽“意在介绍西洋之史法”，实际是将“西洋之史法”中国化，分为绪论、博采、辨讹、知人、考证与著述、明义、断事、编比、著作、结论十章，强调史学的“最大之用，实在有培养智慧之功”，提高人们的修养和素质，使人向前看。

唯物史观学术体系初步确立

通过以上三节的介绍，我们知道了20世纪20年代中国史学领域发生的两大重要变化：一是国外各种史学思潮的引进，改善着国人的观念；二是本土文化遗存重见天日，拓展了史学研究的范围。二者相辅相成，造就出若干颇具影响的史学流派。继上述的四个主要流派之后，又崛起一个更新的史学流派——“唯物史观派”。

这一派溯源可以追述到李大钊介绍和传播唯物史观，但真正开始确立唯物史观学术体系却是在20年代末30年代初。50年代初期，台湾学者、“甲骨四堂”之一的董作宾（彦堂）曾经有过一段很客观的评述，说："唯物史观派是郭沫若的《中国古代社会研究》领导起来的。……他把《诗》、《书》、《易》里面的纸上材料，把甲骨卜辞、周金文里面的地下材料，熔冶于一炉，制造出来一个唯物史观的中国古代文化体系"（《中国古代文化的认识》，《大陆杂志》3卷12期）。下面就从郭沫若及其《中国古代社会研究》说起。

郭沫若（1892～1978年），原名开贞，号尚武，四川乐山人。当其步入文、史两界后，先后改名沫若，改号鼎堂。当"五四"运动打倒"孔家店"的高潮之际，他正身居日本这样一个既有东方传统，又善于吸收西方科学的国度中，一面狂热追求西方思想文化，一面又以"旁观者"的冷静态度对待中国"固有的文化"。因此他明确指出："要建设新文化，不先以国民情调为基点，只图介绍外人言论，或发表些小己底玄思，终究是凿枘不相容的"（《三叶集·致宗白华》）。他将中国"固有的文化"与"国外的思想参证起来"，经过多侧面的对照、考察，终至20年代末清楚地看到辩证唯物论的阐发和高扬已经"成为了中国思想界的主流"。于是当他再次东渡日本之后，研究重心便注重在使这一思想方法"中国化"，让有成见的中国人感觉着这并不是"外来的异物"，在中国的传统思想中，"已经有着它的根蒂"，同时更强调以中国的思想、社会和历史"来考验辩证唯物论的适应度"（《海涛集·跨着东海》）。这样，在接受国外思想学说方面，郭沫若迈出了关键性的一步，使他选取了当时最体现世界思想文化发展趋势的新观念。

当其以最新观念"清算"中国的历史时，还最大限度地综合了20年代学术文化领域内几个主要流派的最新成果。首先是与古史辨派的"不期而同"，从考辨古代文献的真伪入手。《中国古代社会研究》的第一篇便是要打开《周易》这座神秘的殿堂，"揭去后人所加的一切神秘的衣裳"。第二篇在对《尚书》的怀疑上，也有着与古史辨派殊途同归的步履，认定《帝典》、《皋陶谟》、《禹贡》三篇为后世儒家伪托。郭沫若感到旧有文献的不足和难以征信，便以罗（振玉）、王（国维）二家的成就为出发点，吸收并发展了考古证史一派的业绩。1928年8月底开始，在两个月的时间内，他读完了东洋文库中所藏"一切甲骨文字和金文的著作，也读完了王国维的《观堂集林》"。有关中国境内考古发掘的报告，他也"差不多都读了"。一边攻读，一边考释甲骨文字，从1928年10月至次年8月，"基本完成"书中《卜辞中的古代社会》这一篇著述，并将其主要理论依据和主要观点写进了后来作为该书"导论"的《中国社会之历史的发展阶段》中。最后又简要地写了《周代彝铭中的社会史观》，合上述各篇为《中国古代社会研究》一书，于1930年初在上海出版。该书以20年代最新思想观念为指导，吸收当时最新学术成果，建立起一个新的古史体系，成为集时代学术文化大成之作，产生出了领导思想文化潮流的社会效应。该书所建中国古史体系，至少包含这样两个基本方面：一为恩格斯《家庭、私有制和国家的起源》

的"续篇"，提供了恩格斯"未曾提及一字的中国的古代"；二是"从古物中去观察古代的真实的情形，以破除后人的虚伪的粉饰"。

1927年大革命失败后，全社会对于"中国向何处去?"的问题认识很混乱。1928年夏在莫斯科召开中共"六大"，明确当时中国的社会性质是半殖民地半封建社会。但党内、党外纷纷发表反对论调，引发出关于社会史问题的论战，直至抗战前夕才告一段落。

由于郭沫若关于中国古代社会的论述基本符合"六大"关于中国社会性质的决议精神，因此在李一氓的"督促"下，将《中国古代社会研究》拿到上海出版，引来社会各方面的评议。

随即，郭沫若将注意力转向考古研究方面，推出《卜辞通纂》、《两周金文辞大系图录考释》，被誉为"甲骨四堂"，奠定了在海内外考古学领域的崇高学术地位。这是讲唯物史观派史学不应忽略的重要内容。

30年代的"社会史论战"将人们引向关注中国社会史问题上来，一批以唯物史观为指导的史学家和史学著作应运而生。吕振羽陆续出版了《史前期中国社会研究》（1934年）、《殷周时代的中国社会》（1936年）、《中国社会史诸问题》（1942年），邓初民先后出版了两种关于"社会史"的教程，侯外庐于1943年出版了《中国古典社会史论》。在此同时，思想学说史的研究也突破梁启超关于学术思想史研究的框架，先有吕振羽的《中国政治思想史》（1937年），40年代则以侯外庐的建树最多，陆续出版了《中国古代思想学说史》(1944年)、《中国近世思想学说史》(1945年)、《中国思想通史》第一卷(1947年)。《中国思想通史》自成体系,旨在“阐明社会进化与思想变革的相应推移,人类新生与意识潜移的联系”,并且“具体地指出中国思想发展的特别传统与其运行的特别路向”(初版序)。其书自40年代至60年代,成多卷本出版,为我国思想史研究中的划时代巨著。近代史研究方面,首推范文澜的《中国近代史》上编(1946年),又有胡绳的《帝国主义与中国政治》(1949年)。

在各个专门领域的著述之外,通史成就最足以反映唯物史观指导下的史学体系。40年代,以唯物史观为指导的中国通史共有3部,即吕振羽的《简明中国通史》上册(1941年)、下册(1948年),范文澜的《中国通史简编》上册、中册(1942年)以及翦伯赞的《中国史纲》第一卷(1943年)、第二卷(1946年)。其中,以范文澜的《中国通史简编》最具代表性,上册自远古至五代十国,中册自宋至鸦片战争前夕。根据50年代中期该书修订本第一编“再版说明”和“绪言”所述,足以见当年作者试图建立新的中国史学体系的主要构想,即“企图用历史唯物主义的观点和方法给中国古代史划出一个基本的轮廓来”。其一,“说明中国古代社会的发展规律,与世界上别的许多民族同样,曾经经过了原始公社制社会、奴隶社会和封建社会诸阶段,并无亚细亚特殊之说”,“在明、清两朝,中国资本主义的萌芽是存在的,但远不曾发展到足以破坏封建社会的程度”。其二,“肯定历史的主人是劳动人民，把旧型类历史以帝王将相作主人的观点否定了”。其三，“阶级斗争论是研究历史的基本线索”，“着重腐化残暴的封建统治阶级如何压迫农民和农民如何被迫起义”。其四，“重视古代科学上的成就，只是因为知识缺乏，不能作适当的批判和说明”。其五，“自秦汉起中国成为统一国家”。其六，区别“历史上的爱国主义”。其七，对历史上战争进行正义与非正义的分类。这一区别于其他流派的史学基本框架，自40年代逐渐形成以后，深深地影响着新中国成立以后的史学发展。而考古证史一派也以其自身所具有的顽强生命力，对新中国成立以后的史学产生着种种影响。

改版书后

《史学史话》是1994年9月按照中国社会科学院规定撰写完成的，2000年1月作为《中国文明史话》丛书由中国大百科全书出版社统一出版。

嗣后，我主编三卷本《中国史学史》1998年10月作为中国社会科学院重点研究课题，2006年10月由中国社会科学院出版基金资助、商务印书馆出版。同时，“中国社会科学院研究生重点教材”工程启动，我被指定编写一本《中国史学史》教材，2008年10月由中国社会科学出版社出版。

《史学史话》、《中国史学史》（三卷本）、《中国史学史》（重点教材），反映我本人对中国史学史学科不断探索、逐步深入的研究历程。

既有《中国史学史》（专著）、《中国史学史》（教材），《史学史话》无再版必要。但作为通俗读物和系列丛书，《史学史话》又不可缺少。

此次改版，以改正错字、漏排为主，在不改变结构和不增加篇幅的前提下作了必要的添改。第九、第十两部分中涉及民国史学的内容，详见拙著《民国史学述论稿》（即将出版）。

谢保成

2010年8月20日

《中国史话》总目录

系列名	序 号	书 名	作 者
物质文明系列（10种）	1	农业科技史话	李根蟠
	2	水利史话	郭松义
	3	蚕桑丝绸史话	刘克祥
	4	棉麻纺织史话	刘克祥
	5	火器史话	王育成
	6	造纸史话	张大伟　曹江红
	7	印刷史话	罗仲辉
	8	矿冶史话	唐际根
	9	医学史话	朱建平　黄　健
	10	计量史话	关增建
物化历史系列（28种）	11	长江史话	卫家雄　华林甫
	12	黄河史话	辛德勇
	13	运河史话	付崇兰
	14	长城史话	叶小燕
	15	城市史话	付崇兰
	16	七大古都史话	李遇春　陈良伟
	17	民居建筑史话	白云翔
	18	宫殿建筑史话	杨鸿勋
	19	故宫史话	姜舜源
	20	园林史话	杨鸿勋
	21	圆明园史话	吴伯娅
	22	石窟寺史话	常　青
	23	古塔史话	刘祚臣
	24	寺观史话	陈可畏
	25	陵寝史话	刘庆柱　李毓芳
	26	敦煌史话	杨宝玉
	27	孔庙史话	曲英杰
	28	甲骨文史话	张利军
	29	金文史话	杜　勇　周宝宏

系列名	序号	书名	作者
物化历史系列（28种）	30	石器史话	李宗山
	31	石刻史话	赵　超
	32	古玉史话	卢兆荫
	33	青铜器史话	曹淑芹　殷玮璋
	34	简牍史话	王子今　赵宠亮
	35	陶瓷史话	谢端琚　马文宽
	36	玻璃器史话	安家瑶
	37	家具史话	李宗山
	38	文房四宝史话	李雪梅　安久亮
制度、名物与史事沿革系列（20种）	39	中国早期国家史话	王　和
	40	中华民族史话	陈琳国　陈　群
	41	官制史话	谢保成
	42	宰相史话	刘晖春
	43	监察史话	王　正
	44	科举史话	李尚英
	45	状元史话	宋元强
	46	学校史话	樊克政
	47	书院史话	樊克政
	48	赋役制度史话	徐东升
	49	军制史话	刘昭祥　王晓卫
	50	兵器史话	杨　毅　杨　泓
	51	名战史话	黄朴民
	52	屯田史话	张印栋
	53	商业史话	吴　慧
	54	货币史话	刘精诚　李祖德
	55	宫廷政治史话	任士英
	56	变法史话	王子今
	57	和亲史话	宋　超
	58	海疆开发史话	安　京

系列名	序号	书名	作者
交通与交流系列（13种）	59	丝绸之路史话	孟凡人
	60	海上丝路史话	杜　瑜
	61	漕运史话	江太新　苏金玉
	62	驿道史话	王子今
	63	旅行史话	黄石林
	64	航海史话	王　杰　李宝民　王　莉
	65	交通工具史话	郑若葵
	66	中西交流史话	张国刚
	67	满汉文化交流史话	定宜庄
	68	汉藏文化交流史话	刘　忠
	69	蒙藏文化交流史话	丁守璞　杨恩洪
	70	中日文化交流史话	冯佐哲
	71	中国阿拉伯文化交流史话	宋　岘
思想学术系列（21种）	72	文明起源史话	杜金鹏　焦天龙
	73	汉字史话	郭小武
	74	天文学史话	冯　时
	75	地理学史话	杜　瑜
	76	儒家史话	孙开泰
	77	法家史话	孙开泰
	78	兵家史话	王晓卫
	79	玄学史话	张齐明
	80	道教史话	王　卡
	81	佛教史话	魏道儒
	82	中国基督教史话	王美秀
	83	民间信仰史话	侯　杰
	84	训诂学史话	周信炎
	85	帛书史话	陈松长
	86	四书五经史话	黄鸿春

系列名	序号	书名	作者
思想学术系列（21种）	87	史学史话	谢保成
	88	哲学史话	谷　方
	89	方志史话	卫家雄
	90	考古学史话	朱乃诚
	91	物理学史话	王　冰
	92	地图史话	朱玲玲
文学艺术系列（8种）	93	书法史话	朱守道
	94	绘画史话	李福顺
	95	诗歌史话	陶文鹏
	96	散文史话	郑永晓
	97	音韵史话	张惠英
	98	戏曲史话	王卫民
	99	小说史话	周中明　吴家荣
	100	杂技史话	崔乐泉
社会风俗系列（13种）	101	宗族史话	冯尔康　阎爱民
	102	家庭史话	张国刚
	103	婚姻史话	张　涛　项永琴
	104	礼俗史话	王贵民
	105	节俗史话	韩养民　郭兴文
	106	饮食史话	王仁湘
	107	饮茶史话	王仁湘　杨焕新
	108	饮酒史话	袁立泽
	109	服饰史话	赵连赏
	110	体育史话	崔乐泉
	111	养生史话	罗时铭
	112	收藏史话	李雪梅
	113	丧葬史话	张捷夫

系列名	序 号	书 名	作 者
近代政治史系列（28种）	114	鸦片战争史话	朱谐汉
	115	太平天国史话	张远鹏
	116	洋务运动史话	丁贤俊
	117	甲午战争史话	寇　伟
	118	戊戌维新运动史话	刘悦斌
	119	义和团史话	卞修跃
	120	辛亥革命史话	张海鹏　邓红洲
	121	五四运动史话	常丕军
	122	北洋政府史话	潘　荣　魏又行
	123	国民政府史话	郑则民
	124	十年内战史话	贾　维
	125	中华苏维埃史话	温　锐　刘　强
	126	西安事变史话	李义彬
	127	抗日战争史话	荣维木
	128	陕甘宁边区政府史话	刘东社　刘全娥
	129	解放战争史话	汪朝光
	130	革命根据地史话	马洪武　王明生
	131	中国人民解放军史话	荣维木
	132	宪政史话	徐辉琪　傅建成
	133	工人运动史话	唐玉良　高爱娣
	134	农民运动史话	方之光　龚　云
	135	青年运动史话	郭贵儒
	136	妇女运动史话	刘　红　刘光永
	137	土地改革史话	董志凯　陈廷煊
	138	买办史话	潘君祥　顾柏荣
	139	四大家族史话	江绍贞
	140	汪伪政权史话	闻少华
	141	伪满洲国史话	齐福霖

系列名	序号	书名	作者
近代经济生活系列（17种）	142	人口史话	姜　涛
	143	禁烟史话	王宏斌
	144	海关史话	陈霞飞　蔡渭洲
	145	铁路史话	龚　云
	146	矿业史话	纪　辛
	147	航运史话	张后铨
	148	邮政史话	修晓波
	149	金融史话	陈争平
	150	通货膨胀史话	郑起东
	151	外债史话	陈争平
	152	商会史话	虞和平
	153	农业改进史话	章　楷
	154	民族工业发展史话	徐建生
	155	灾荒史话	刘仰东　夏明方
	156	流民史话	池子华
	157	秘密社会史话	刘才赋
	158	旗人史话	刘小萌
近代中外关系系列（13种）	159	西洋器物传入中国史话	隋元芬
	160	中外不平等条约史话	李育民
	161	开埠史话	杜　语
	162	教案史话	夏春涛
	163	中英关系史话	孙　庆
	164	中法关系史话	葛夫平
	165	中德关系史话	杜继东
	166	中日关系史话	王建朗
	167	中美关系史话	陶文钊
	168	中俄关系史话	薛衔天
	169	中苏关系史话	黄纪莲
	170	华侨史话	陈　民　任贵祥
	171	华工史话	董丛林

系列名	序号	书名	作者
近代精神文化系列（18种）	172	政治思想史话	朱志敏
	173	伦理道德史话	马　勇
	174	启蒙思潮史话	彭平一
	175	三民主义史话	贺　渊
	176	社会主义思潮史话	张　武　张艳国　喻承久
	177	无政府主义思潮史话	汤庭芬
	178	教育史话	朱从兵
	179	大学史话	金以林
	180	留学史话	刘志强　张学继
	181	法制史话	李　力
	182	报刊史话	李仲明
	183	出版史话	刘俐娜
	184	科学技术史话	姜　超
	185	翻译史话	王晓丹
	186	美术史话	龚产兴
	187	音乐史话	梁茂春
	188	电影史话	孙立峰
	189	话剧史话	梁淑安
近代区域文化系列（11种）	190	北京史话	果鸿孝
	191	上海史话	马学强　宋钻友
	192	天津史话	罗澍伟
	193	广州史话	张　磊　张　苹
	194	武汉史话	皮明庥　郑自来
	195	重庆史话	隗瀛涛　沈松平
	196	新疆史话	王建民
	197	西藏史话	徐志民
	198	香港史话	刘蜀永
	199	澳门史话	邓开颂　陆晓敏　杨仁飞
	200	台湾史话	程朝云

《中国史话》主要编辑
出版发行人

总策划	谢寿光	王正	
执行策划	杨群	徐思彦	宋月华
	梁艳玲	刘晖春	张国春
统筹	黄丹	宋淑洁	
设计总监	孙元明		
市场推广	蔡继辉	刘德顺	李丽丽
责任印制	郭妍	岳阳